三浦英之
Hideyuki Miura

沸騰大陸

集英社

沸騰大陸

はじめに　沸騰大陸を旅する前に

私が所属新聞社の海外特派員としてアフリカ大陸に駐在したのは、二〇一四年八月から二〇一七年八月までの約三年間でした。

取り憑《つ》かれたように大陸中を飛び回り、這《は》いつくばるようにして写真機を構え、そこで暮らす人々と牛の血を飲みながら移動し、サバンナの雨にうたれて深く眠った日々——。

ここに収録されているエッセーは、当時の取材記録をもとに、二〇二三年八月から二〇二四年八月までの約一年間、集英社のウェブサイト「イミダス」で連載した「アフリカの長い夜」を加筆してまとめたものです。

アフリカでの任期中、私が重点的に取り組んだテーマは全部で三つありました。

東アフリカで続いていたアフリカゾウの象牙密猟の闇を取材した『牙　アフリカゾウの「密猟組織」を追って』（第二五回小学館ノンフィクション大賞受賞作）や、南スーダンの国連平和維持活動（ＰＫＯ）に派遣されていた陸上自衛隊に関する政府の不正を暴いた『日報

隠蔽　南スーダンで自衛隊は何を見たのか』（布施祐仁氏との共著、第一八回石橋湛山記念早稲田ジャーナリズム大賞受賞作）。

そして、個人的に最も力を入れたのが、日本の大手鉱山企業が一九七〇年代から八〇年代、資源国であるコンゴに大規模な銅鉱山を開設したものの、その後、現地の内戦に巻き込まれて撤退する際、派遣されていた日本人労働者と現地のコンゴ人女性との間に生まれた子どもたちを現地に置き去りにしてきてしまったという「コンゴにおける日本人残留児問題」を初めて日本に伝えた『太陽の子　日本がアフリカに置き去りにした秘密』（第二二回新潮ドキュメント賞、第一〇回山本美香記念国際ジャーナリスト賞受賞作）でした。

一方で、それらの大きなテーマの合間に脈々と続けていた、アフリカの大自然や市井の人々の暮らしに焦点をあてた取材についても、いつかどこかで発表し、作品として世に問いたいという思いをずっと胸に秘めていました。

アフリカに限らず、社会の実体というものはむしろ、大きな事件や政治動向にではなく、人々の終わることのない日常の中にこそ、その息吹をしっかりと宿しているからです。

日頃から、名も無き人々の小さな物語の集積によって、大きな時代を描きたいと願っている私にとって、それはアフリカから帰国した後も、個人的に最も取り組みたいと思っていたテーマの一つでした。

人口が爆発し、人間の生と性、暴力と欲望が激しく入り乱れるアフリカは、まさしく「沸騰大陸」そのものです。そこでの生活は一見すると日本のそれとはあまりにもかけ離れているようにも思え、それぞれがパラレル・ワールド（並行世界）のなかに存在しているように錯覚しがちですが、意外にも、本作品に登場する現実の一つひとつを注意深く観察していくと、そのすべてが私たちの生活と密接に結びついており、完全な地続きであることに気づけます。

むしろ、かの地のむき出しの日常の中にこそ、閉塞感に覆われた日本を生き抜くヒントのようなものが隠されているのではないか。

人間の本質を真摯《しんし》に見つめ直すことにより、我々はより正直に――そしてより強靭《きょうじん》に――与えられた日々を主体的に過ごすことができるのではないか。

人は人を殺し、人は人を愛する――。

その大いなる矛盾の鏡に映っているのは、きっと「彼ら」ではなく、私たち「人間」の姿だと思うのです。

三浦英之

トウモロコシやビーズで身を飾った少女

沸騰大陸　目次

第四章

日本とアフリカ

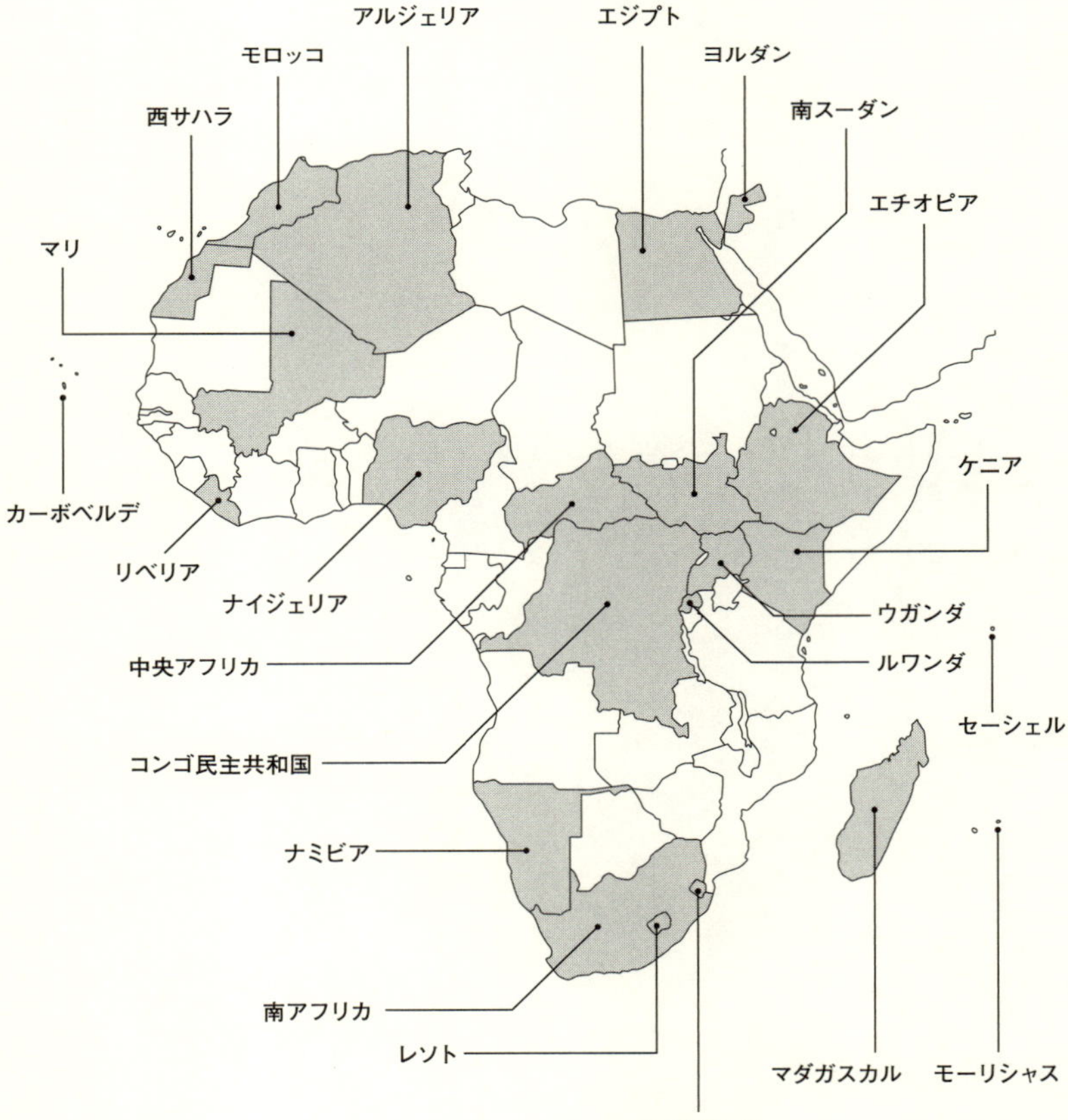
アルジェリア
エジプト
モロッコ
ヨルダン
西サハラ
南スーダン
エチオピア
マリ
ケニア
カーボベルデ
リベリア
ナイジェリア
ウガンダ
中央アフリカ
ルワンダ
セーシェル
コンゴ民主共和国
ナミビア
南アフリカ
レソト
マダガスカル
モーリシャス
スワジランド
（現・エスワティニ）

第一章　若者たちのリアル

傍観者になった日 ——エジプト

初めて人が銃で撃たれるのを見た。

「アラブの春」で約三〇年間続いたムバラク独裁政権が倒れ、初の民主選挙で新たな民政大統領が選ばれたはずのエジプトで、二〇一三年七月、軍が実権を取り返そうとクーデターを起こした。私はまだアフリカに赴任する前の準備期間で、普段勤務している東京の国際報道部から応援取材で中東の取材拠点であるカイロ支局へと入った。

首都カイロでは、急遽《きゅうきょ》発足した軍主導の暫定政権に反発する人々が立ち上がり、大規模なデモが広がっていた。「治安部隊」はデモを鎮圧するため、私が到着する前日までにカイロ中心部の広場に集まっていた無防備の市民に実弾を発砲して約八〇〇人を「虐殺」していた。

カイロ空港に到着後、私は迎えに来てくれた取材助手とすぐさま市街地へと赴き、デモに参加する人々の声を拾い集めた。人々は怒りにうち震えながら、クーデターを起こした軍に対し、政治の実権を民衆が選んだ新大統領に返すよう訴えていた。私は急いでナイル川の中州にあるカイロ支局へ向かい、見てきたばかりの光景を原稿化する作業に取りかかった。

机の横には大きな窓があり、ふと視線を外へと向けると、支局の近くを流れるナイル川の支流に架かる大きな橋の上をプラカードを掲げてデモ行進する民衆の群れが見えた。

そのときだった。

突然、窓越しに黒色の軍用ヘリコプターが現れ、中空で急旋回したかと思うと、橋の上を行進している市民に向かってタタタタッと機関銃を掃射し始めたのだ。

私は目の前で一体何が起きているか、すぐには理解することができなかった。

民衆は軍用ヘリに追いまくられて、蜘蛛《くも》の子を散らすように橋の上を逃げ回っている。人の群れが逃げてできた円形状の空白の中心で一人、貧しい身なりをした青年が尻餅をついて倒れ込んでいた。

数秒後、軍用ヘリから発射された機関銃の弾丸が、ピシッ、ピシッ、ピシッ、と橋上に砂《すな》埃《ぼこり》の線を作り、青年の上を通過していった。青年は駆けつけた二人の若者に両脇を抱きかかえられるようにして、橋の向こう側へと運ばれていった。

直後、ズドンという重低音が遠方で響き、対岸のビルから黒煙が上がった。カイロ支局の電話がけたたましく鳴り、応援取材で駆けつけていた記者たちは右往左往しながら、窓の外にカメラを向けて写真を撮ったり、慌ただしく東京の本社に電話をかけたりしていた。

私は怖くて、恐ろしくて、窓枠の下に身を隠し、ただ震えているだけだった。

翌日は「治安部隊」に殺害された民衆の葬儀の取材に出向いた。

数千人に囲まれたモスクには次々と犠牲者の棺《ひつぎ》が運び込まれ、人々は手のひらを空へと向けて、怒りと悲しみを天に訴えていた。

なんて愚かな国だろう、と私は人々の祈りの中で一人思った。

権力を欲する一部の人間が軍の上層部と結託してクーデターで政権を乗っ取り、民主主義を求めて立ち上がろうとする国民の体に実弾を撃ち込む。この国では軍は国防を担う実力部隊であると同時に、国内で広く事業を手がける「営利企業」だ。「市民を守る」と嘯《うそぶ》きながら、「彼ら」は常に権力の側にいる。

そんな「彼ら」が最も恐れているのが、民主的な選挙だ。国民の四割以上が一日二ドル以下での生活を強いられているこの国で、選挙に持ち込まれれば、裕福な生活を送っている「彼ら」に勝ち目はない。一度政権の座を追われれば、「彼ら」も力を失ってしまう。

葬儀の取材には、カイロ支局に勤務するSという二〇代の取材助手が付き添ってくれた。中東の大手航空会社の客室乗務員から転職してきたばかりの、切れ長の美しい目を持ったエジプト人女性だった。

取材の帰り道、道ばたの屋台に立ち寄って二人並んで揚げパンを食べた。

「実は姉が集会で足を撃たれたの」

彼女は揚げパンを食べながら突然、私に向かって告白した。

「弾が足首を貫通したみたいなの。もう歩けなくなるかもしれない……」

聞くと、欧州系の通信社で現地採用の記者をしていた彼女の姉は数日前、デモ隊の集会を取材中に「治安部隊」に足を撃ち抜かれたらしかった。

彼女がポロポロと涙をこぼしながら話すので、私はいささかうろたえた。

同時に、小さな疑問が胸に宿った。

姉妹の父親は過去に独裁政権で幹部を務めた裕福な側の人間だった。それなのになぜ、彼女の姉は権力に抗《あらが》おうとする人々を取材しようと思ったのか——。

「当然だわ」とSは言った。「みんな、この国の政治家に憤っているのよ。一部の人間が富を独占し、自分たちだけのために使う。私もいつかジャーナリストになりたいわ。ジャーナリストになって、世界中にこの国の不正義を暴いてやるんだわ」

私は慌てて周囲を見渡し、首を振った。彼女の発言は、ここではあまりに危険すぎる。エジプト国内では連日、新聞やテレビがデモ隊を「テロリスト」と断定し、現場で取材をしようとするジャーナリストたちを、警察がなりふり構わず逮捕していた。

メディアが事実上、政府にコントロールされているこの国で今、真のジャーナリストであり続けようとする態度は、自らの身を危険にさらすことにつながりかねない——。

「姉が言っていたわ。『アラブの春』でこの国の人々はあんなに希望を持てたじゃない。それがなんでいま、暴力で覆されなきゃならないのよって」

私はハッと息をのみ、彼女を連れて屋台を飛び出した。

「こんなに人が死んでいるのに、私には何もできなくて……」

彼女が大きな瞳を潤ませながら、泣くまいとあごを突き出した瞬間、遠くからまた銃声が聞こえた。

モスクに運び込まれる犠牲者の棺

タマネギと換気扇——エジプト

二〇一三年八月、エジプト・カイロ支局のニュースルーム（編集室）に先輩記者が飛び込んできた。

「とんでもないことが起きている。テレビを見てくれ！」

テレビ画面に視線を向けると、そこでは奇妙な映像が流れ始めていた。画面右上のテロップは、それが中東のシリアの映像であることを告げている。廃墟《はいきょ》のような場所に、次々と子どもたちが運び込まれてきていた。オムツをしている乳児、三つ編みの少女、子どもたちに抱きつく母親らしき女性たちの姿……。

よく見ると、子どもたちは皆、口から泡のようなものを吐き出している。大人たちは大慌てで子どもたちの服をはぎ取り、バケツやホースで顔や体に水をかけていた。しばらくすると周囲で震えていた子どもたちが床に倒れ始め、大人たちは子どもたちに心臓マッサージを施し始めた。

「毒ガスだ。子どもたちがやられた——」

画面の中で男性が叫んでいるアラビア語を近くにいた取材助手に訳してもらってようやく、私はそこで何が起きているのかを理解することができた。どうやら反政府勢力が支配するシリアの首都ダマスカス近郊の町で、アサド政権が居住者に向かって化学兵器を使用し、子どもを含む多くの住民に犠牲者が出たようだった。

画面に映し出されるその症状のいくつかについて、大学・大学院で有機合成化学を専攻した私には少なからず見識があった。第二次世界大戦前、ナチスによって化学兵器として開発され、あのオウム真理教の事件でも使われた猛毒ガス――サリンだ。

化学兵器を使用した民間人への攻撃に対し、国際社会は強烈なアレルギー反応を起こした。米国は「アサド政権が化学兵器を使い、四二六人の子どもを含む一四二九人を殺害した」と断定し、国連では連日連夜、シリアへの軍事介入の是非をめぐる議論が交わされ続けた。

カイロ支局でも常勤特派員がシリア行きの準備を進めるなか、私はカイロに留《とど》まって、現地から送られてくる国連機関からの報告書をもとに記事を執筆するよう命じられた。

現地からの映像を見る限り、犠牲者の多くが子どもであるようだった。床一面が児童の遺体で埋まっている写真もあり、大人の犠牲者については男性よりも女性のほうが多い印象だった。

調べてみると、シリアの人権団体がすぐさま周辺地域の医療拠点を回り、詳細なリポートをネット上にアップしていた。それらを読み込むことで、なぜ犠牲者の多くが子どもや女性によって占められているのか、その理由をおぼろげながら理解することができた。

アサド政権はその日未明、学校や電話交換施設を狙って三〇発以上のミサイルを撃ち込んでいた。男たちは被害の状況を確認するために屋外へと飛び出し、女性や子どもはさらなる爆撃を避けるため、堅牢《けんろう》な地下室へと逃げ込んだ。化学兵器による攻撃に対しては通常、高所に避難しなければならないことになっている。毒ガスは成分的に空気より重く、着弾後、低所へと流れ込むためだ。結果、「死のガス」が女性や子どもたちが避難した地下室を襲った。

リポートには、現場に駆けつけた数多くの救急隊員の証言が残されていた。ある隊員は「一家全員が浴室で水をかぶった状態で見つかった」と記し、別の隊員は「家に踏み込むと、母親が赤子を抱えて換気扇の前で死んでいた。酢の瓶といくつかのタマネギを握りしめていた」と報告していた。報告書には酢とタマネギが何回も出てくる。化学兵器に効く——あるいは現地にはそんな迷信があったのかもしれない。

避難所における記述も、目を覆いたくなるようなものばかりだった。

「唇が膨れ上がり、すぐ目が見えなくなる。子どもたちは激しく震え、やがて意識を失った」（ある医師の報告）

「被害者の症状は、吐き気や泡のような唾液、引きつけ、心臓疾患、鼻血、幻覚、記憶喪失など。爆撃から約三〇秒で症状が出ている。多くの人が逃げられずに死んだはずだ」（別の

医師の報告)

攻撃を受けた地域には内戦の影響で満足な医療機関が存在せず、避難所には服を着替えるための個室さえなかった。ゆえに女性たちは化学物質が付着した服を脱ぐことができず、そのまま重篤化し、命を落としたらしかった。

薬やベッドも限られており、使用期限の切れた薬は優先的に子どもに使い、大人には家畜用の薬を使っていた。多くが就寝中であったため、犠牲者のほとんどが身元を特定できる物を身につけておらず、見つかった遺体の六割は未確認のまま、特徴をビデオで写しただけで共同施設に埋葬された。

生まれた国や地域が違うだけで、人の命がこうも簡単に、こうも残酷に葬られていく。なんて不公平なのか、なんて不平等なのか——。

私は悔しくて、悲しくて、心が擦り切れそうになりながら、その一方で、安全なカイロ支局の中にいて、現場にも行かず、現実を直視することもせずに、まるで現場を見てきたかのような「国際ニュース」をそれっぽく書いた。

リードダンスの夜　――スワジランド

二〇一四年八月、アフリカ特派員として南アフリカのヨハネスブルクに赴任した。

最初の取材は、アフリカ南部に位置する、周囲を南アフリカとモザンビークに囲まれた小さな王国スワジランド（現・エスワティニ）の奇祭だった。年に一度開かれる「リードダンス」と呼ばれる伝統行事で、性交渉の経験を持たない未婚の女性たちが王宮の前に集まり、国王がその中から毎年一人、お妃《きさき》を選ぶのだという。

午前六時。朝靄《あさもや》の中、首都ムババーネの広場には国内全土の集落から少女たちが王宮を目指して集まってきた。

その数、約八万人。裸の上半身に伝統的な飾りをつけ、細い肩に長さ約三メートルの「リード」と呼ばれる葦《あし》を担ぎながら、「今こそ王家に集うとき」と足を踏みならし、声高らかに歌い、踊る。

少女たちは王宮に葦を献上した後、近くの競技場へと移動し、国王ムスワティ三世の前で魅惑的な踊りを披露した。儀式の終盤、国王が競技場に下りてきて駆け足で女性たちを見て回り、自らのお妃を決めるのだ。見初《みそ》められた少女には裕福な暮らしが約束される。

すでに一四人もの妻を娶《めと》っている国王は、一夫多妻制が残るスワジランドにおいて圧倒的な人気を誇っている。でもその評判は、欧米や近隣諸国のそれとは一致しない。

スワジランド政府の統計（二〇一一年）によると、この国の成人のエイズ感染率は三一パーセント。特に三〇歳から三四歳までの女性については実に五四パーセントと世界最悪の感染率を記録している。政府は国民にコンドームの使用や不特定多数との性交渉を控えるよう呼びかけているが、専門家からは「国王自身が祭りで毎年のように一〇代の妻を娶《めと》っているようでは、説得力を持ち得ない」と不満の声が漏れてくる。


奇祭の前日、逗留《とうりゅう》した宿の近くのスポーツ・バーで夕食を取っていると、一目で娼婦《しょうふ》とわかる少女が私の隣に座った。

「一〇〇ドルでいいよ」

派手に化粧をしているが、どう見てもまだ一〇代だ。私が気のないそぶりをしていると、「じゃあ、五〇ドル」としきりに腕を絡ませてきた。

「エイズじゃないよ。証明書もある」

少女はそう言うと、英語で書かれた「証明書」をバッグから取り出し、私の前に広げて見せた。病院のスタンプや医師のサインらしきものがあったが、それが本物かどうかは確かめようがない。

「お祭りには参加しないの？」

私が気をそらすように聞くと、少女は「行くよ。明日はもちろん国王の前で踊るんだ」とあどけなく笑った。

「でも、バージンじゃなきゃ、参加できないんだろう？」

私が冗談交じりにそう言うと、少女は「ええっ？」とビックリしたような顔で吹き出した。

「バ〜カみたい。みんなヤリまくって参加してるよ。あんたも女の子の裸が見たくてわざわざどっかから来たんでしょ！」

少女はケラケラと笑って私を見限ると、カウンターでテレビのサッカー中継を見ていた白人男性の腕へと移って行った。


宿の近くの草原では、祭りのために地方から集まってきた若い女性たちが大型のテントの中で明るい笑い声を響かせていた。その入り口にはやはり同世代の男たちがたむろしていて、しきりに少女たちを外に誘い出そうとしている。

どちらも楽しげで、どこか生命力に満ちあふれた笑い声が、黒緑の闇に溶け込んでいた。

葦を持って王宮へと集う少女たち

元少年兵たちのクリスマス　――中央アフリカ

内戦が続く「中央アフリカ共和国」は、世界で最も危険な国の一つだ。人口わずか四八〇万人の小国であるにもかかわらず、武装勢力に誘拐されて囚《とら》われている子どもたちの数は約一万人。国連児童基金（ユニセフ）は「子どもたちにとって世界で最悪の国」と糾弾している。

現実を知りたくて、中央アフリカの首都バンギを訪れた。比較的安全な首都中心部の市街地から、機関銃を積んだ国連の装甲車両が鎮座する検問を抜けて郊外へ出ると、赤土の大地のあちこちに銃撃で蜂の巣のようになった商店や民家が並んでいた。

中央アフリカがフランスから独立したのは一九六〇年。すぐさま豊富な鉱物資源の利権をめぐって政情不安に陥り、二〇一二年にはイスラム教徒とキリスト教徒の対立が激化して血で血を洗うような民族紛争に発展した。約二五〇万人の子どもたちが戦闘におびえながら生活を送るなか、ユニセフや国際NGOは必死に武装勢力に誘拐された子どもたちを救い出そうとしているが、うまくいかない。

二〇一四年末までにユニセフが武装勢力から解放できた子どもたちは約二一〇〇人。彼らは誘拐された後、使用人として荷物を運ばされたり、前線で戦闘に参加させられたり、性的虐待を受けたりしていた。

バンギの中心部で数日間取材した後、ちょうどクリスマスの日に、武装勢力から解放された子どもたちを保護しているというある国際NGOの宿舎に招かれた。

半砂漠地帯を四輪駆動車で約四〇分。高い塀に囲まれた民家の前では、子どもたちがうれしそうにクリスマスパーティーの準備をしていた。一〇歳から一九歳までの一五五人。いずれもその年にイスラム教系の武装勢力から解放された元少年兵だという。

NGO職員の仲介で二人の元少年兵が取材に応じた。

「両親が殺されたとき、僕は一七歳でした」

一九歳のンガングはうつむきながら過去を語った。故郷の村がイスラム教系武装勢力に襲われたとき、当時一二歳の妹が逃げ遅れて捕まった。両親が妹を返すよう武装勢力と交渉に向かった直後、銃声が響いた。慌てて駆けつけてみると、路上に三体の遺体が並べられており、そのうちの二体が両親の遺体だった。

翌日、彼自身も銃を持ったイスラム教系の戦闘員に囲まれ、森の中へと連行された。「逃げたら殺す」と脅され、すぐに射撃の訓練が始まった。キリスト教の村を襲撃することを告げられたある日、同じ学校に通っていた友人八人が「殺したくない」と抵抗すると、リーダーは八人全員を壁の前に並ばせ、カラシニコフ銃を乱射して皆殺しにした。以来、逃げることを考えられなくなり、村を襲って食料と女を奪い、南下する生活を約三カ月続けた。

「夜明け前に村を包囲し、日の出とともに威嚇射撃をする。逃げてくる人は決して撃たない」

ンガングはそれがまるで何かの規則であったかのように私に告げた。

「でも居座ったり、抵抗したりする人は容赦なく撃った。殺さなければ、殺される。三〇人殺したところまでは覚えているが、その先はよく覚えていない……」

一六歳のナンボは数年前、故郷の村がイスラム教系の武装勢力に襲われ、友人と自主的にキリスト教系の武装勢力に加わった。その年の秋、村がイスラム教系の武装組織に襲われて三〇人が死亡し、一〇人の女性がレイプされた。うち二人は級友で、レイプの後に殺された一人は結婚を考えていた彼のガールフレンドだった。

数カ月後に再び村が襲われたとき、ナンボは敵のカラシニコフ銃に対し、毒を塗ったナタで応戦した。

彼曰《いわ》く、そこには「三分間ルール」が存在している。カラシニコフ銃は精度が悪く、標的が動いていれば、まず当たらない。弾倉内の弾はわずか数分で底をつく。

「三分間逃げ切れれば、こっちの勝ちだ」

弾は当たっても死なないが、ナタがかすれば毒で死ぬ――アフリカでの戦闘は依然、銃ではなくてナタなのだ。少なくとも彼らはそう信じ込んでいる。

やがて敵の弾が切れ始め、仲間が敵を捕らえ始めた。ナンボも敵の腕をつかんで引き倒そうとした瞬間、近くにいた仲間の一人が「これは俺のケーキ（獲物）だ」と叫んで、頭上からナタを敵の首筋に振り下ろした。

「それが僕にとっての最後の戦闘の記憶です」


クリスマスの日、元少年兵たちは宿舎の前の広場で輪を作り、太鼓や笛のリズムに合わせて激しく踊った。NGOからプレゼントされたノートや鉛筆などを景品にしてゲームを楽しみ、マンゴーを食べて少し休むと、再び飽きることなく踊り続けた。

「彼らにとっては、久しぶりのクリスマスなのよ」と私の横でNGOの女性が言った。

「彼らの多くは最近までイスラム教系の武装勢力に捕らえられていたから」

ねえ、踊ろうよ——そう誘われて私も彼らの輪に加わった。リズムに合わせて激しく腰を振ると、ワッと甲高い笑い声が上がり、ピューといくつかの口笛が飛んだ。

踊れ、踊れ、踊れ、踊れ……。

膨大な熱とエネルギーが渦を巻き、広場を回転し続けていた。

踊れ、踊れ、踊れ、踊れ、踊れ……。

私はすべてを忘れたかった。

九歳の花嫁 ――ケニア

「私が初めて結婚したのは九歳のときでした。相手は見知らぬ七八歳の老人でした」

ケニアの首都ナイロビから車で北に約八時間。牧畜を営むサンブル民族が住むマラルル村で、中学校に通うユニス・ナイセニャはうつむきながらインタビューに答えた。廊下で級友の呼び声に恥ずかしそうに右手を振って応える、まだあどけなさが残る一六歳の少女だ。

アフリカやアジアなどを中心に残る「児童婚」。アフリカでは人口増を背景に、二〇五〇年までにはその被害者数が三億人に上ると予想されている。

サンブル民族にはいまも、女子児童を成人男性と結婚させたり、結婚前に女性器を切除したりする風習が色濃く残っている。幼くして結婚させられた「花嫁」たちは、学ぶ機会を奪われたまま、性行為や労働を強要される。

九歳だったナイセニャは七年前、父親に結婚を命じられた。「学校に通いたい」と反発したが、許されなかった。七八歳の夫と一週間暮らしたが、性行為を拒むたびにムチで打たれたため、「嫁ぎ先」から逃げ出し、児童婚の撲滅に取り組むNGOの施設に飛び込んだ。

「もうあんな思いはしたくはない」とナイセニャは恥ずかしそうに言った。「老人とセックスをするなんて本当に嫌よ。恋愛ぐらい自由にしたいの」

同じ中学校に通う一五歳のクリスティン・ナシャキも、一二歳のときに無理やり両親に結婚させられた被害者だ。相手は六二歳の男性で「父親より年上なので、嫌で吐きそうになった」という。

結婚後は学校に通わせてもらえず、嫁ぎ先で「家畜のように」（本人談）仕事をさせられた。一日三回、二〇リットルの容器を抱えて五キロ離れた小川まで水をくみに行き、一〇キロも離れた市場にミルクを運んで全部売り切るまでは家に帰してもらえなかった。帰宅すると、朝までセックスを強要された。ナシャキを見かけなくなった学校の女性教師が「児童婚の疑いがある」と警察に通報し、捜索の結果、救出された。

「私、弁護士になりたいんです」と彼女は取材に元気よく答えた。

「子どもたちが学校に通う権利を守れる社会を作りたいから！」

ユニセフによると、ケニアでは二〇歳から二四歳の女性のうち、一八歳未満で結婚した割合は二三パーセント、一五歳未満で結婚した人は四％にも及ぶ。日本で言えば、四人に一人が高校生、二五人に一人が中学生で、親に無理やり結婚させられている計算だ。

ケニア政府は児童婚を禁止する法律を制定してはいるが、「伝統」が大きな壁になり、思うようには改善していない。

サンブル民族の村に行き、大人たちの意見を聞いてみることにした。

九歳の娘を結婚させた経験を持つ四七歳の母親は言った。

「夫が牛と持参金を受け取ってしまったんです。そうなるともう、村の『しきたり』で結婚を拒むことはできません」

一一歳の娘を嫁がせたという四五歳の母親は釈明する。

「夫が『友情の証《あか》しに』と、娘をその友人の息子と結婚させたんです。この村では伝統に逆らうと、私たちも集落から追放されてしまいます」

マララル村で児童婚の撲滅運動に取り組むNGO「サンブル少女基金」のクリスティーヌ・レパセルが顔を歪《ゆが》めながら教えてくれた。

「ここでは児童婚を『伝統文化』と捉えている人がいまでも本当に多いの。女の子はこの村では牛やヤギの家畜と変わらないのよ。一日も早く自らの意思で結婚相手を選べるような社会を作らないと、いつまでも負の連鎖が続いてしまうわ」

サンブル少女基金の設立以後、職員の手によって救出された少女の数は全部で二一〇人。彼女たちは実家には戻れないため、施設で生活したり、寮のある学校で勉強したりしている。

取材に訪れたロドケジェク中学校では、女子生徒二八五人のうち四二人が児童婚から救出された少女たちだった。

「最大の障壁は、この地域で暮らす人々の教育に対する理解の低さです」と校長のサムエ・ララキンピンは言う。「この地方における女子の初等学校進学率は二割程度。多くの住民が『女子に教育はいらない』と信じ込んでいる。なかには『女の子に教育を受けさせると、まともな子どもが生まれなくなる』なんて言う人までいるんですよ！」

村を離れるとき、四輪駆動車は荒野を歩く村の成人女性たちの集団に出くわした。サンブル民族は日本でよく知られているマサイ民族の遠縁にあたり、女性たちは赤い衣を身に纏《まと》い、首にビーズなどで作られた豪華な首飾りを幾重にも巻いている。ここでは首飾りが多いほど、女性は美しいとされるらしい。

その首飾りの持つ意味について、ケニア人である現地助手は四輪駆動車の中で私にこう教えてくれた。

「ケニア北部のある村では、首飾りの数が親類の男たちとの性交渉の回数を表すんだ。性交渉が終わるごとに女性には首飾りが捧げられ、女性たちはその首飾りを『勲章』としていまも首に巻きつけている」

苦しそうに重ねて言った。

「そんな『狂った伝統』、絶対変えなきゃいけないよ。これ以上、少女たちに『痛み』を押しつけちゃいけないんだ」

牛跳びの少年
——エチオピア

「最後の秘境」と呼ばれる場所がアフリカ東部にある。

エチオピア南部のオモ川流域。荒涼とした大地と荒々しい川で守られた地域にはいまも、多くの民族が伝統的な暮らしを続けている。


空港がある南部諸民族州の主要都市アルバミンチから三日間かけて、森の中で暮らすハマル民族の集落を訪ねた。

チャーターした四輪駆動車は途中、幾度も行く手を川に阻まれ、そのたびに川の手前の集落でテントを張って川の水位が下がるのを待ったり、渡河するために地域の住民を呼び集めたりしなければならなかった。

ほとんどの川に橋は架かっていない。川の両岸には大抵、人や家畜を運ぶための粗雑な木造の渡し船が係留されていたが、そこにトヨタ・ランドクルーザーを載せるのはさすがに難しそうだった。

どうするか？

集落の長老に相談すると、長老は集落の青年十数人を集め、幅三〇〜四〇メートルの川の対岸に向け、水深が浅い場所を選んで五メートルほどの間隔で川の中に彼らを立たせた。水深が彼らのひざ上程度であれば、「ランドクルーザーなら入っていける」という判断らしい。

我々は川の流量が減るまで集落で一晩過ごし、翌朝、青年たちが作った川の中の「ライン」のすぐ横を、ランドクルーザーで強引に進んだ。タイヤが川面に澪《みお》を引き、まるで湖を進む小舟のようだった。


到着した集落ではその日、「牛跳び」の儀式が行われることになっていた。

少年が成人になるために必要なセレモニーで、近くの村から有力者ら八〇人ほどが集められ、広場では昼間から白く濁った酒が男たちに振る舞われていた。

牛跳びに挑むのは、ハイビラ・ウェレという一二歳の少年だった。彼はこの集落で大人として認められるために、並べられた一〇〜二〇頭もの牛の背を一度も落ちずに合計四回、跳んで渡らなければならない。

ウェレに自信のほどを尋ねると、「絶対に成功させるさ。集落の男たちはみんな、牛を跳んできたんだから」とその言葉とは裏腹に、少し自信のなさそうな声で答えた。

午後五時。夕日に染まった赤土の広場に一〇〇頭前後の牛が集められると、集落の女性たちが少年を囲み、「今宵《こよい》、勇敢な男になれますように」と歌いながら踊り始めた。牛たちは牛飼いによってグルグルと渦を描くように、広場の中心に向かって移動させられていく。

約三〇分後、歌声とダンスが最高潮に達すると、牛飼いによって選ばれた従順な牛たちが一五頭ほど広場の中心に並べられ、両側を集落の男たちがしっかりと囲んだ。

「さあ、行け！」

長老の一声に従って、ウェレは一五メートルほど助走し、最初の白牛の背に跳び乗った。成功。しかし、その白牛の背を蹴って、三段跳びの要領で次の茶色の牛の背に跳び移ろうとした瞬間、足を滑らせ、肩から大地に落下した。

「ああっ……」

周囲からため息が漏れ、続いていた女たちの歌声が一瞬やんだ。見ると、ウェレが涙目になりながら、肩を押さえて地面にうずくまっている。

「やり直し、もう一度」

長老にそう指示されて、一二歳の少年は歯を食いしばりながらスタート地点に戻り、再び一五メートルほど助走して白牛の背に跳び乗った。成功。右足で次の茶色の牛の背を蹴り、二つ飛ばして、五頭目の牛の背に足を置く。成功。数頭の牛の背を渡り、最後の白牛の背を大股で跳び越えると、彼は周囲の大歓声を受けて赤土の大地に着地した。

真っ赤な砂埃の中でウェレが笑った。

「よし。二回目！」

長老のかけ声に従い、今度は逆の方向から牛の背を跳ぶ。再び成功させ、女たちが甲高い声で「キキッアー」と叫ぶ。


少年が牛の背を跳ぶたびに、周囲は砂埃と歓声に包まれ、四度目の跳躍を終えたときにはもう、夕日が大地に沈み始めていた。

オレンジ色の光の中で、私はなぜ、人は大人になることを望み、祝うのだろうと、そんなとりとめのないことをぼんやりと考えていた。

終了後、ウェレに駆け寄ってインタビューをすると、「最初に落ちたときにはどうしようと思ったが、なんとか無事に跳べてよかった」とホッとしたような表情で話した。

少年の顔が夕日で染まり、肩が真っ赤に腫れていた。

長老によると、成人になった男には牛が数頭与えられ、今後、家族を持つことが許されるという。

集落の男たちも皆、上機嫌だった。

「いつも成人の儀式には、大抵牛が逃げて数頭いなくなるのだが、今日はそれもなく、いい一日だった。ウェレは立派な牛飼いになれるだろう」
それを聞いて、大人の顔をした少年が満足そうに笑った。

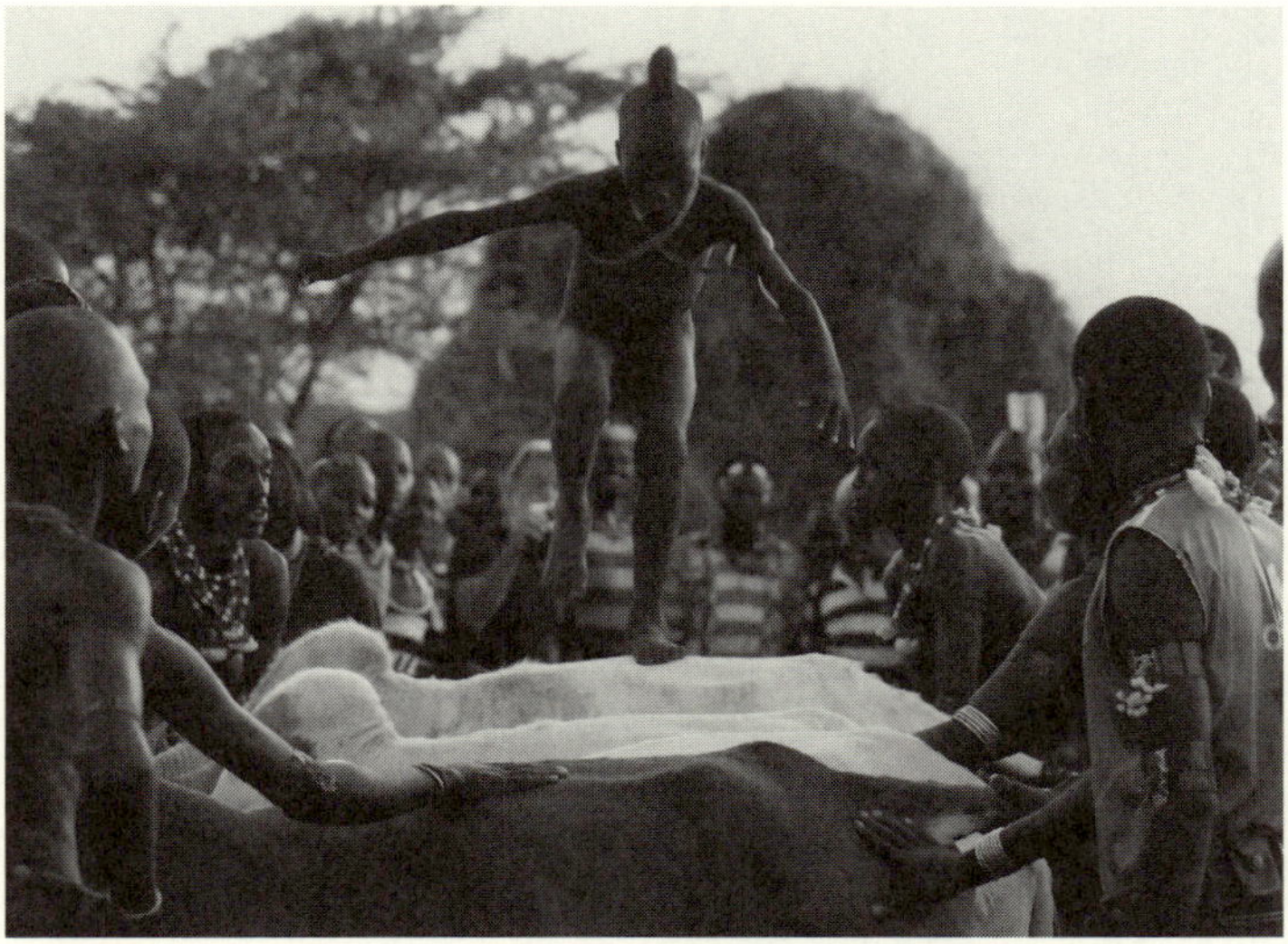

牛の背を跳ぶウェレ

自爆ベルトの少女

——ナイジェリア

農村の学校を襲って少女たちを誘拐し、体に爆弾を巻きつけて市場やバスターミナルなどに誘導した後、遠隔操作で爆発させる——。

そんなあまりに残虐な「自爆テロ」が、西アフリカのナイジェリア北東部で続いていた。犯行を主導しているのは、イスラム過激派「ボコ・ハラム」。名前は現地語で「西洋の教育は悪」を意味する。

二〇一五年三月、テロの撲滅を公約に掲げて軍出身のブハリが新大統領に当選した後も、テロの勢いは衰える気配を見せず、新政権発足後の約一カ月間に犠牲者は早くも二〇〇人を超えていた。

彼らの憎悪の根底に流れるものは何か。

現場に赴くと、予想外の「答え」に直面した。

ナイジェリア北部の主要都市カノ。

現地助手に案内されて町の中心部にある中央市場に赴くと、半年前に爆弾テロが起きた露店街の壁にはまだ、爆弾の破片でできた無数の傷が残っていた。

露天商を営む、爆風で右目を負傷したという男性が、テロの一部始終を証言してくれた。

「市場の入り口から一七歳ぐらいの、真っ黒なベールをかぶった少女が泣きそうな顔でこっちに歩いてきたんだ。どうして悲しそうな表情をしているんだろう、と目を凝らした瞬間、閃光《せんこう》が少女のベールを引き裂き、大きな火球が彼女の肉体を吹き飛ばしてしまった……」

中央市場ではその日、二人の少女が自爆し、通りを歩いていた買い物客など少なくとも四人が死亡した。しかし、テロが頻発するナイジェリアでは、数人の犠牲者が出た程度では大きなニュースにはならない。カノの中央市場でのテロが世界中のメディアの耳目を引いたのは、自爆した二人の少女以外にも、自爆させる目的で市場に送り込まれたものの、何らかの理由で不発に終わり、警察に保護された一三歳の少女がいたからである。

三人目の少女は数週間後、警察当局が開いた記者会見で次のように証言していた。

「リーダーからは『自爆テロをすれば、天国に行ける』と言われた。私が『できない』と断ると、『ならば、お前を撃つ』と脅された。活動拠点で多くの人が生き埋めにされるのを見ていたので、生き埋めにされるのが怖かった」

国際人権NGO「アムネスティ・インターナショナル」によると、二〇一四年以降の約一年間で、ボコ・ハラムに誘拐された少女や女性は約二〇〇〇人。二〇一五年上半期だけでも自爆テロが三〇件以上起きており、その四分の三で子どもや女性に爆弾が装着され、遠隔操作で爆発させられていた。

現地の国際NGOの協力を得て、カノ郊外の民家で、ボコ・ハラムから逃れてきたという二人の女性から話を聞くことができた。

「毎日が怖くて仕方がなかった」と二三歳の帽子職人の女性は震えながら振り返った。

「昨夏、自宅のある北東部グウォザがボコ・ハラムに襲われ、約六〇〇人の市民が殺された。私も銃を突きつけられて、二歳の長男と行政庁舎へと連れて行かれた。庁舎には町の女性たちが集められており、リーダー格の男が『お前たちはこれから戦闘員の妻になる』と宣言した後、戦闘員の食事を作ったり、服を洗濯したりするよう命じられた。指示に従わない女性は、棒で体を激しく叩《たた》かれたり、隣の部屋に連れていかれて集団でレイプされたりした」

グウォザ出身の一八歳の女性も、同じく町の集会場に監禁され、激しい「暴行」を受けていた（彼女は当時受けた「暴行」の詳細については語らなかった）。「このままでは体を引き裂かれてしまう」と感じ、二日後の夜、二〇人の女性と一緒にフェンスをよじ登って逃げ出した。カメルーン国境にたどり着いたところで、国連部隊に保護された。

「いまも多くの女性たちが恐怖の中で助けを待っている」と女性は懇願するように言った。

「爆弾を体に巻きつけられて、市場で『自爆』を強制させられる前に、一日も早く彼女たちを救い出してほしい」

なぜ、ナイジェリアで凄惨な悲劇が続くのか。

その二カ月前、私はナイジェリア中部の首都アブジャにいた。軍出身のブハリの大統領就任式典で、壇上に上った新大統領がボコ・ハラムの撲滅を宣言すると、詰めかけた数千人の観衆から一斉に拍手が巻き起こった。

しかし、どんなに政府が前線に特殊部隊を送っても、周辺五カ国が約七五〇〇人態勢の連合軍を創設しても、ボコ・ハラムはいっこうに弱体化しない。

「本当は誰もボコ・ハラムの撲滅なんて望んでいないのさ」とアブジャを拠点にするナイジェリア人ジャーナリストが教えてくれた。

「ナイジェリアはもともと、イスラム教徒が多く暮らす資源が乏しい北部と、キリスト教徒たちが住む資源が豊かな南部に分断され、互いが憎しみあっている。豊かな南部の人間は、自分たちの税金が北部のボコ・ハラム対策に浪費されることを嫌っている。彼らにとって、北部の市民やボコ・ハラムなんてどうでもいい存在なんだ」

一方、北部カノに拠点を置く海外通信社のベテラン記者はこんな見解を口にした。

「軍にはいま、ボコ・ハラム対策で膨大な予算が付いている。北部には軍の駐屯で多額の資金も落ちている。『悪』を必要としているのは、むしろ軍や北部の有力者たちだ。彼らが必要とする限り、ボコ・ハラムは北部に存在し続けるし、結果、テロが終わることもない」

ユニセフの報告によると、ボコ・ハラムは武装集団となった二〇〇九年から二〇一五年までにテロで一万五〇〇〇人以上の市民を殺害している。他方、アムネスティ・インターナショナルの報告によると、ナイジェリア軍もまた、対ボコ・ハラム作戦で市民を拷問し、八〇〇〇人以上を虐殺している。

現地を訪れると、その矛盾を痛烈に感じる。北部には政府による極度の汚職がはびこり、市民は至る所で軍や警察から賄賂や便宜を強要される。軍に家族を殺されても、市民は何一つ文句が言えない。多くの市民は自国の政府にこそ憤っている。

ボコ・ハラムが北部で台頭している真の理由。それは北部の市民や若者たちがむしろ、自国の政府から家族や生活を守るために、ボコ・ハラムに身を投じているせいではないのか――。

「本当はみんな気づいているんだ」と北部カノを拠点に活動する女性ジャーナリストは言った。「少女たちの体に自爆ベルトを巻きつけて、遠隔操作のボタンを押している奴《やつ》らは、間違いなくボコ・ハラムだ。でも、その自爆テロで一番美味《おい》しい思いをしているのは、ボコ・ハラムでもイスラム教徒でもない。首都のオフィスでスーツを着ている軍や官僚、一部の有力者たちなんだってことを……」

女性ジャーナリストの見解を聞きながら、私は嘔吐《おうと》しそうだった。

彼女の言葉がもし正しいのだとすれば、少女たちは軍や政府の有力者たちの地位や予算やマネーゲームのために、その細い肩に今日も爆弾を装着されることになる。

ボコ・ハラムから逃げてきたと話す女性

生け贄　――ウガンダ

その奇妙な「噂《うわさ》」を耳にしたのは、ウガンダの首都カンパラだった。

「最近、この国では子どもが生け贄《いにえ》にされているのよ……」

元少年兵たちを支援している国際NGOの職員のつぶやきに、私は何かを聞き間違えたのではないかと疑い、思わず確認した。「生け贄、ですか？」

「そう、生け贄」とNGOの職員は悲しげな表情で頷いた。「それも一人ではなく、何人もの子どもたちが」

「何人も？」。私はわけがわからなくなって聞いた。「何のために？」

「ビルを建てるため」

「ビルを？」

彼女の説明はこうだった。二〇〇〇年代以降、コンゴ民主共和国東部で違法に採掘された紛争鉱物が、武装勢力を通じて隣国のウガンダにも大量に流れ込んで来るようになった。その利潤でウガンダの経済は大きく発展し、首都カンパラやその近郊には無数のビルが立ち並び始めた。

ウガンダの一部の地域ではいまでも、選挙の当選やビジネスにおける成功を呼び込むために、動物を生け贄としたり人体の一部を呪術の捧げものとしたりする風習が残っている。かつてはヤギなどの家畜が生け贄として殺されていたが、最近では巨額資金を投じてホテルや会議場などの建物を建設する際には、より強い力を得るために生きている人間を——特に汚《けが》れていない人間の子どもを——生け贄として使うケースが相次いでいるのだという。


翌日、生け贄から救出された子どもたちを保護しているNGOの施設があると聞き、私はナイロビ支局の取材助手のレオンと一緒に車で向かった。

首都カンパラから車で約一時間。子どもたちが暮らしていたのは、数週間前に建物が完成したばかりの新しい施設だった。

NGOを主宰する代表理事が教えてくれた。

「ウガンダ政府の発表では、二〇一四年には九人の子どもと四人の大人が、二〇一五年には七人の子どもと六人の大人が、それぞれ生け贄事件の犠牲者になったとされています。でも、それはあくまでも氷山の一角に過ぎません。ウガンダでは二〇一一年から二〇一五年の間に約七〇〇人の子どもたちが行方不明になっています。私たちはその多くが生け贄事件の犠牲になった可能性があると考えています」

私はあまりの現実にうまく声が出なかった。

「罪のない子どもたちが七〇〇人も……なぜ？」

「富のせいです」と代表理事は短く言った。「ここウガンダは、世界有数の紛争地帯であり同時に資源地帯でもあるコンゴ東部に極めて近く、常時大量の紛争鉱物が流れ込んできます。その不正によって近年、莫大《ばくだい》な利益を上げた成功者が次々と生まれている。でも、ここで暮らす市井の人々は――つまり欧米のようには満足な教育を受けられなかった人々は――なぜ一部の人間だけが成功できるのか、その理由がわからない」

コンゴはここ数十年間、正式な貿易統計を出していないが、「密輸」の存在はルワンダやウガンダの貿易統計によって裏付けられている。ルワンダはジェノサイド（大虐殺）が起きる一九九四年以前は輸出の九割以上をコーヒーと紅茶が占める農業国だったが、二〇一〇年代に入ってコンゴ東部からの密輸が活発になると、なぜか輸出のトップが紛争鉱物のスズになり、第三位が同じく紛争鉱物のコルタンに変わった。ウガンダでも一九九四年の金の輸出量はわずか二二〇キロに過ぎなかったが、二〇〇〇年には約五〇倍の一一トンに激増し、希少金属タンタルの輸出量も一九九七年からわずか二年間で二七倍に膨れ上がっている。

「ウガンダの人々から見れば、一部の富裕層は牛を増やしたわけでもなければ、農地を広げたわけでもない。にもかかわらず、都市部に億万長者が次々と現れるため、人々は『きっと呪術によるものだ』と信じ込んだのです。結果、人々はいま、より強い魔力を持つ生け贄を求めて、ヤギから人体の一部へ、人体の一部から生きた人間そのものへと、生け贄をエスカレートさせています。そして最終的にここでは無垢《むく》な子どもたちが——特に性経験のない一〇歳未満の子どもたちが——その標的となっています。子どもを生け贄にしたり体の一部を切り取って呪術に使ったりして、次なる成功者になろうとしている。まさに〈資源の呪い〉です」

〈資源の呪い〉——それは私がアフリカに赴任して以来、嫌になるほど耳にしてきた、この大陸の現実を物語るキーワードだった。

「子どもたちがどんな被害を受けたのか、知りたい?」と代表理事はすでに疲れ切った表情の私とレオンに聞いた。

「ええ、できれば」と我々は少し躊躇《ちゅうちょ》しながらそれでも答えた。

代表理事は小さく頷くと、背後の書類棚から数冊のファイルを取り出し、それらをテーブルの前に一冊ずつ並べた。そこには被害にあった子どもたちの資料が一人一冊ずつ、分類されて保存されていた。ファイルを開くと、現場で撮影されたとみられる子どもたちの血だらけの写真や、手術前に病院で撮られたとみられる被害当時の傷痕の写真といった、医師や警察官などの職業人でなければ、正視できないような残酷な写真がいくつも収められていた。

代表理事はそこに挟まれていた資料をもとに、犠牲者の一人であるカナニ・ナクンダという少年のケースについて話してくれた。

ナクンダは当時八歳の妹と一緒に家の庭で遊んでいたところを、隣人の男に近くの森へと誘い込まれた。男はその直後、持っていたナタを妹の首筋に振り下ろし、首から血液を採取した後、少女の性器を切除した。男は隣でその状況を目撃していたナクンダにもナタを振り下ろし、ナクンダはその場で意識を失った。

夕方になっても二人が帰って来ないことを不審に思った両親が周囲を探し回り、森の中で二人を見つけたときには妹はすでに死亡しており、ナクンダも瀕死《ひんし》の状態だった。ナクンダはその後、病院に搬送されて集中治療室で約一〇日間治療が続けられ、奇跡的に意識を取り戻した。後日、彼の証言によって当時二八歳だった隣人の男が逮捕された。

裁判の記録によると、事件は著名な資産家がビルの建設予定地に「子どもの生け贄を埋めたい」と逮捕された隣人の兄に相談したことがきっかけだった。兄は弟に約一〇〇万円で子どもの人体の一部を入手するよう依頼しており、その弟が翌日、隣の家で暮らしていたナクンダと妹を狙っていた……。

「まだ聞けるかい？」と代表理事は私の顔をのぞき込むようにして聞いた。

「ええ、なんとか」と私は薄れそうになる意識を必死につなぎとめながら言った。

代表理事が次に話してくれたのは、当時一三歳だったアレン・センバティィヤという少年のケースだった。

センバティィヤは六年前、学校の帰り道に待ち伏せしていた男二人に頭上からナタを振り下ろされ、頭の皮膚と頭蓋骨の一部を切断された。病院に運ばれ、その後、オーストラリアで脳を守るために頭にプラスチックの頭蓋骨を埋め込む手術を受けたが、今も頭部には当時の傷痕が残されている。

襲撃者の一人は逮捕されたものの、その後、なぜか釈放された。BBCが隠しカメラを使って実施した襲撃者へのインタビューでは、男は「建築中のビルの地下に子どもを生きたまま埋めるつもりだった」と明かしている……。

「富がすべてを狂わせている」と代表理事は私とレオンを見つめて言った。

「この国ではかつて、『貧しい』ことは決して『不幸』を意味しませんでした。それはお互いが支え合うことのできる、『幸福』の一つのきっかけでさえあった。しかしいま、圧倒的な『富』や『豊かさ』の前に、人々は『貧しさ』を『悪』だと考え始めています。成功への手段がわからず、呪いや迷信にすがろうとしている。歩み始めたその道は、かつてこの地で繰り返された、血塗られた道だと知っていながら——」

代表理事から説明を受けた後、私とレオンは施設で働く女性スタッフに連れられて、救出された子どもたちが暮らす保護施設へと足を運んだ。

前月にできたばかりの保護施設にはまだ化学塗料の匂いがうっすらと漂い、部屋の隅では小学生くらいの男の子たちが楽しそうにサッカーボールを蹴り合っていた。

その奥で一〇歳前後とみられる少女がマットの上に一人寝かされていた。

「彼女は数年前に首を切られて舌を切断されたの」と女性スタッフが言った。

「明るくて美人さんで村のマドンナだったらしいわ。でもいまは脳神経が傷を負ってしまって、立つことも話すこともできない……」

部屋の入り口付近では、首筋にナタを振り下ろされて脊髄を損傷したという七歳のロバート・ムクワヤが、キャスター付きの歩行補助器具につかまって母親と一緒に「歩く」練習をしていた。足に力が入らないため、両腕でしっかりと歩行補助器具を支え、両足を引きずるようにして必死に「歩く」。

隣でそれを見ていた祖母が私に向かって泣きながら叫んだ。

「孫がこんな姿になるなんて。こんなの風習じゃない。ただの人殺しだわ」


私は背負っていた取材用のザックから一眼レフを取り出し、床にはいつくばるようにして彼ら一人ひとりの姿をできるだけ丁寧に、時間をかけて撮影した。

それがそのときの私にできる最大の、そして唯一のことだったからだ。ファインダー越しに被写体が歪み、私はいつしか自分が泣いていることに気づいた。

絶対に伝えてやる、この悲劇を世界へと伝えてやる――。

世界は狂っていた。その狂った世界の真ん中で、私はシャッターを切り続けていた。

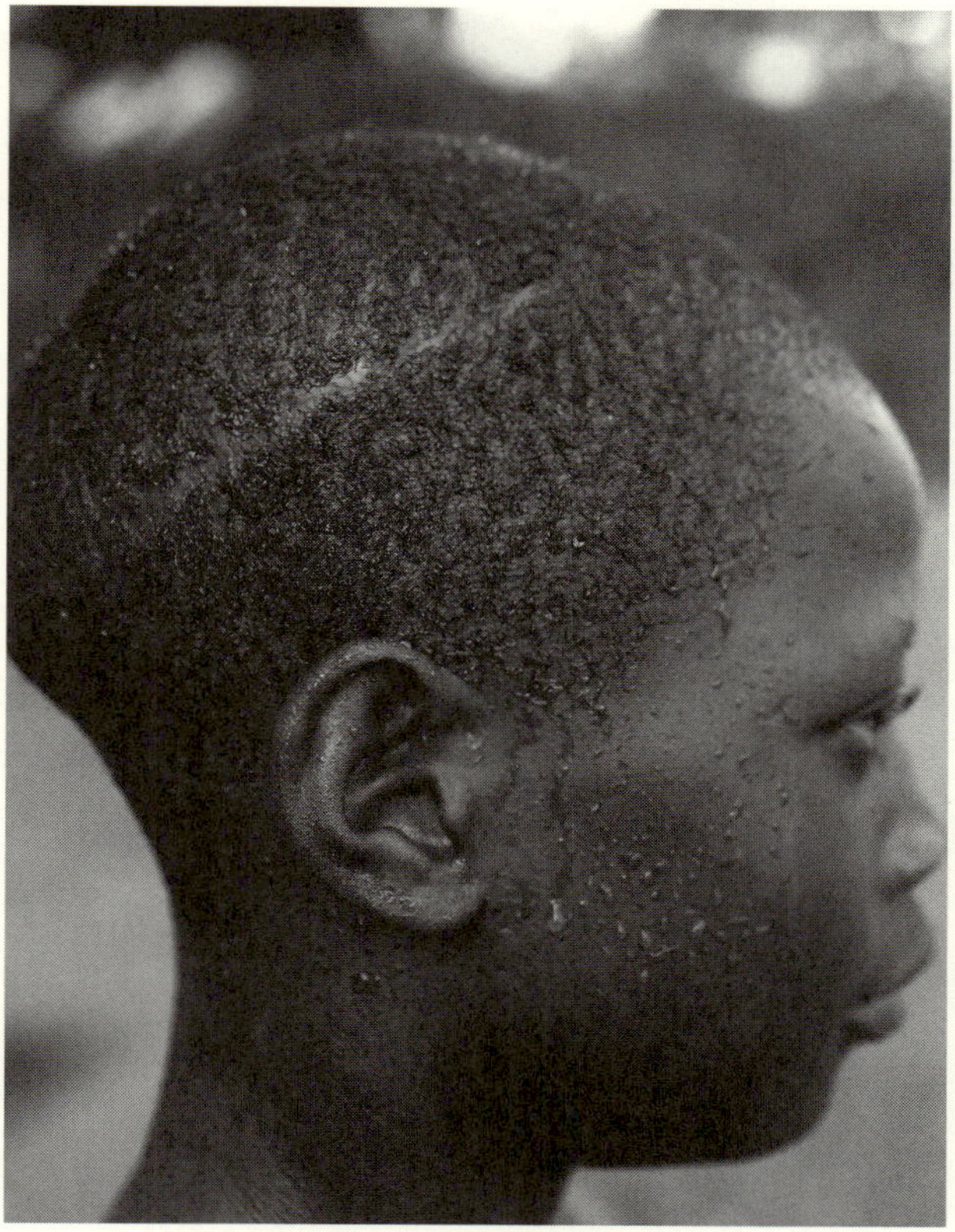

頭部にナタで切りつけられた痕が残る少年

美しき人々　――ナミビア

アフリカ南西部ナミビアの辺境で暮らすヒンバ民族の村を訪ねた。全身に赤土と牛脂などを混ぜ合わせた「オカ」を塗り、伝統的な装具を身につけた彼女たちは「赤い人々」「世界で最も美しい民族」と呼ばれる。

ナミビアの首都ウィントフークから四輪駆動車で約五時間。訪れたオウチョには南アフリカの地方都市で見られるような、大型スーパーやガソリンスタンドが立ち並ぶ現代的な街並みが広がっていた。

そんな見慣れた日常の光景の中に一つだけ、強烈な「違和感」が紛れ込んでいる。赤褐色の髪や肌を持つヒンバ民族の女性たちだ。街角の飲食店では、日本の女子高校生の集団さながらの賑《にぎ》やかさで、ヒンバ民族の少女たちが、マンゴージュースやヨーグルト味のスムージーを買い求めている。生活スタイルの急激な西洋化が進む南部アフリカで、彼女たちが現代的な街なかにおいても伝統的なスタイルを維持しながら日常生活を送っていることが、私には新鮮であり、驚きでもあった。

飲料水を求めて立ち寄った大型スーパーでもやはり、伝統的なスタイルのヒンバ民族の女性が店の入り口付近でショッピングカートを押していた。

声をかけると、ヒンバ民族の女性は英語を解さなかったが、そばにいた青い洋服姿の女性が英語を話せた。洋服姿の女性によると、伝統的なスタイルの女性は近くの村で暮らすヒンバ民族の「女王」であり、自分は村出身の「お付きの者」なのだという。

「えっ、女王さまですか。それは大変失礼いたしました……」

私は非礼をわびた上で、自分は日本から来た新聞記者だと名乗り、もし可能であれば、女王のショッピングに同行させてもらえないかと申し出た。

青い洋服姿の女性がうれしそうに通訳してくれた。

「女王は『構いません』と言っています」

日本の「イオン」のような大型ショッピングセンターで、女王はまず飲料水のコーナーで二リットル入りの牛乳三本と瓶入りのマンゴージュース二本を買った。その後、穀物のコーナーで五キログラムのトウモロコシの粉を手に取ると、最後に一キログラムのバターの塊を全部で八個もショッピングカートに入れた。

「オカを作るためです」と洋服姿の女性が説明してくれた。「昔は赤土と牛脂を混ぜて作っていましたが、いまはバターで代用しています」

なるほど、と私は興味津々で頷きながら愚問を挟んだ。「でも、バターのほうが高くつくのでは？」

洋服姿の女性が通訳すると、女王は声を出して私の質問を笑った。

「私はお金を払いません。全部、お付きの者が払ってくれるのです」

洋服姿の女性は町で働いており、現金収入がある。そのため、女王の買い物の際には一緒に付き合い、代金を支払って村へと送り届けるのが役目の一つであるらしかった。

洋服姿の女性はうれしそうに言った。

「私は女王を愛していますし、だからこうやって彼女のお役に立てるのは、私としてもとても幸せなことなのです」


レジで会計を終えたところで写真を数枚撮影させてもらい、買い物の荷物を駐車場の車へと運ぶのを手伝うと、幸運にも、女王から「ご希望なら、私の村に来てもいいですよ」と誘われた。

女王を乗せた旧式のフォルクスワーゲン（かつてナミビアはドイツの植民地だった）が向かった先は、木の枝と泥を使って造られた円錐形《えんすいけい》の小屋が立ち並ぶ、伝統的なヒンバ民族の村だった。一族で一つの村を形成しており、子どもを含めて八〇人近くいる村人たちが牛やヤギを放牧して暮らしているという。

「せっかくですから、娘たちの写真を撮りなさい」

女王にそう促され、一〇代とみられる若い女性の写真を何枚か撮影させてもらった。少女たちは皆恥ずかしがって私と話をしようとはしないものの、写真を撮られること自体は嫌ではないらしく、実際にオカを作って体に塗るシーンや、香木を焚《た》いて煙で体をいぶす場面などを交代しながら撮影させてくれた。

なかに二人だけ英語を話せる女性がいた。そのうちの一人でリーダー格とみられる女性によると、オカには日焼けや乾燥を防ぐ効果があり、砂漠地帯で生き抜く先祖が長年の経験から見いだした知恵の結晶なのだという。西洋人のような水浴びはしないが、オカを塗ることで体を清潔に保てるという。

「特に大切なのは『髪』です」と彼女は言った。「自分の髪の毛に付け毛をし、赤土と牛脂で固めて先端に牛の毛をつける。頭には羊の皮を載せる。それを数カ月に一度作り替えなければなりません」

「ビューティフル！」

私は彼女たちの生活様式を撮影しながら、何度かそんな言葉を口にした。

すると、それまで撮影に加わらないでいた、一〇代とみられる少女が歩み寄ってきて、尖《とが》った英語で私に聞いた。

「あなたの言う『ビューティフル』って何ですか？」

私は不意をつかれて、少女の質問にうまく答えることができなかった。少女は私の取材行為を快く思ってはいないようだったが、決して怒っているわけでもなさそうだった。周囲は「また始まったわね」という視線で彼女を見ている。

「ここに来る西洋人は皆、私たちを見て『ビューティフル』って言うの。でも、あなたや西洋人が言う、その『ビューティフル』って一体何ですか？　あなたも彼らも口ではそう言いながら、誰も自分では私たちのような格好はしないし、自分の妻にさせたりもしない。私たちは私たちで、ヒンバ民族の伝統を重んじて生きている。母や女王を愛しているし、その伝統を美しいと思っている。でも、あなたたちは実際違うでしょ？　ただ、珍しいなと思って喜んでいるだけで、それを『ビューティフル』という言葉に置き換えているだけでしょ？」

私はその場で黙り込んでしまった。少女の言葉に「その通りだ」と認めることも、「いや、違う」と反論することもできないまま、短い沈黙が流れた。周囲の少女たちが「まあまあ」といった感じで仲裁に入った。

私は一〇代の少女に軽く頭を下げて、その場をなんとかやり過ごそうとした。

少女はそんな私の仕種《しぐさ》を見て冷めたように笑い、でも直後、急ににこやかな表情になって首を振った。

「謝る必要なんて全然ないわ。私はまったく気にしない。写真もどんどん撮ってほしいわ。その分、撮影料を払ってくれれば、私たちは全然構わないから」

スーパーマーケットで買い物をするヒンバ民族の「女王」

電気のない村 ――レソト

かつて国連が掲げた「ミレニアム開発目標」（MDGs：Millennium Development Goals）なるものがあった。二〇一五年に採択された「持続可能な開発目標」（SDGs：Sustainable Development Goals）の土台となったもので、国際社会が「一日一・二五米ドル未満で暮らす人々の割合を半減させる」「すべての子どもが男女の区別なく初等教育の全課程を修了できるようにする」といった共通の課題を克服し、人類が平等に、そして豊かに生活できるよう目標が掲げられていた。

「でもさ、『豊かさ』ってそんなお役所が作った基準で計れるのかな？」

私が国連の広報資料をめくりながらそう嘯くと、ヨハネスブルク支局に勤務する三四歳の取材助手フレディが「それが知りたいなら、僕の故郷に一度遊びに来るといいよ」と笑いながら言った。

彼の故郷であるレソトはヨハネスブルクから車で約八時間、周囲をぐるりと南アフリカに囲まれた小国だ。彼からは常々、「僕の生まれ故郷を見に来ておくれよ」と誘われていたため、週末を利用して彼の「里帰り」に同行させてもらうことにした。

レソトは人口約二一〇万人。「アフリカのスイス」とも呼ばれ、九州をひと回り小さくしたほどの高原国だ。標高一五〇〇メートルを超える高地には耕作適地が少なく、冬には一部地域が雪に閉ざされるため（アフリカにも雪が降るのだ）、南アフリカの都市部への出稼ぎが主な収入源という世界屈指の「貧困国」である。

フレディの生まれ故郷であるハレブル村は、首都マセルから南に約八〇キロ行った穏やかな山脈の裾野にあった。首都から一時間ほど車で走ると舗装路が砂利道に変わり、やがて道が途切れて草原になり、最後の数キロは水深の浅い小川を走った。

「ね、ランドクルーザーじゃなきゃ来られないって言ったでしょ」

道中、フレディはいたって幸せそうだった。

故郷の集落に到着すると、家々から村人が猫のように飛び出してきて、次々にフレディに抱きついた。彼の帰郷は三年ぶりのことらしかった。

実は彼から事前に一つお願いを受けていた。

「家に到着する直前でいいんだ。運転を代わってくれないか。僕がハンドルで、蜂（私の呼び名）が助手席で。だめかな？　僕が自分の車を運転して、職場の同僚を連れて来たみたいにしたいんだ」

彼は後部座席から抱えきれないほどのお土産を取り出して、駆け寄ってくる一人ひとりに手渡すと、私を「日本の新聞社から派遣されている、とても有名なジャーナリストだ」とみんなの前で誇らしげに紹介した。

わあ、と小さな歓声が上がる。日本でも無名に近い私は内心申し訳ない気持ちでいっぱいになりながらも、彼の威厳を傷つけまいと、胸を張って親族の話の輪に加わった。

「取材」は思いのほか、順調に進んだ。私が村の実情を知りたいと申し出たところ、村長が適任者を数人紹介してくれた。村人は現地語しか話せないため、フレディの通訳が必要だったが、プライバシーについてはここではあまり問題にならないようだった。「みんなが一つの家族のようになって暮らしているからさ」とフレディは言った。

インタビューに応じた二八歳の女性は約一〇年前、生後七日目で初産の娘を亡くしていた。計測すると、乳児の体重は約一キロしかなかったという。

国民の約半数が一日一・二五米ドル未満で暮らしているこの国の、五歳未満の幼児死亡率は約八パーセント。

「ここでは妊婦のほとんどが栄養不足なのです」と女性は言った。「一日一食、パップと呼ばれるトウモロコシの粉で作った郷土食を食べられればいいほうだから」

三八歳の主婦もやはり、約八年前に三番目の娘を亡くしていた。エイズだった。発症後、一四キロ先の医院に歩いて向かったが、手遅れだった。

エイズはこの国の深刻な病だ。一五歳から四九歳までの成人の感染率は約二四パーセント。

一九八〇年代以降、南アフリカに出稼ぎに出た男たちが次々とＨＩＶに感染し、村に戻って妻や交際相手に感染させた。電気のない地域ではテレビやラジオのような情報伝達手段がなく、避妊も啓発も広がらなかった。女性は周辺で亡くなった子どもたちの名前を書き出し、「この村では半数の子が五歳まで育たない。今は宿命だと思ってあきらめている」と残念そうに語った。

「この村でも成人の七、八割がエイズに感染しているだろう」

村長がそう言うのを聞いて、私はいたたまれない気持ちになった。医学の発達により、エイズは薬さえしっかりと飲んでいれば十分に社会生活を送れる病になったはずだが、ここではその恩恵を受けることができない。現に取材助手のフレディも数年前に母をエイズで亡くし、姉は南アフリカで闘病を続けている。この大陸では、医学は決して万人のものではないのだ。

しかし、その辺境の村で人々が果たして「不幸そうに見えるか」と尋ねられれば、答えはおそらく「ノー」だった。

どこに行っても、村人たちは明るく、楽しそうなのだ。

もちろん、フレディが三年ぶりに里帰りしたからということもあるだろう。でも、それだけではきっとない。彼らは決して演じていない。

男たちは誰もが煙草《たばこ》を吹かして大声で笑い、子どもたちはヤギと戯れながら泥だらけになって遊び、女たちは井戸の周りで洗濯物を囲んで世間話に花を咲かせている。

「ね、みんな楽しそうでしょ?」とフレディが満面の笑みで私に言った。

「悩みがないわけじゃないんだけれど、悩みの種類が違うんだよね。ヨハネスブルクの都会で暮らしていると、毎日金持ちの白人にイライラするしさ。住宅ローンの重圧も、深夜に強盗に入られる心配もある。ここでは、みんなが昔から同じような暮らしをしている分、決して豊かじゃないけれど、格差がない。だから貧しさを感じない」

「格差ね……」

おそらく彼が正しいのだろう。人の心を蝕《むしば》んでいくのは「貧しさ」ではなく、むしろ「格差」のほうなのだ。

日が傾いていくにつれ、女性たちは井戸で水をくみ、灯《あか》りのともり始めた粗末な家々に帰って行く。

村に電気はないと聞いていたので、先ほど取材に応じてくれた二八歳の女性を呼び止め、「夜は何をして過ごすのですか」と私は尋ねた。

彼女は不思議そうに私を見つめて言った。

「村にはたくさんの昔話があるのです。子どもたちには毎晩、それらを語って聞かせます」

高原が広がるレソトの風景

第二章　ウソと真実

San Jose
Aquatics

ノーベル賞なんていらない　――コンゴ

世界最悪の紛争国「コンゴ民主共和国」に初めて入国した。

紛争地の最前線でレイプ被害に遭った女性たちの治療を続けている、産婦人科医デニ・ムクウェゲがノーベル平和賞の候補者の一人に挙げられており、受賞した際の記事に添えるためのインタビューが目的だった。

ムクウェゲが設立したパンジ病院は、数十の武装組織が乱立して内戦状態が続くコンゴ東部のブカブ近郊にあった。鉄条網が張られた高いフェンスを抜け、重い鉄製の扉を押し開けて敷地内に入ると、手入れの行き届いた花壇には色鮮やかな数種類のバラが咲き誇り、欧米の小学校のような風景が広がっていた。

訪問初日は手術の予定が立て込んでおり、面会が許可されたのは翌朝だった。

「今日なら一時間ほど時間が取れる。何でも好きなことを聞いてくれ」

身長が一八五センチ以上もありそうなムクウェゲは、グローブのような分厚い手のひらで私の手を力いっぱい握ると、「よくもまあ、こんな危険地帯に」といささか自嘲的に笑いながらその巨体を執務室のソファに沈めた。

「あなたにはぜひ、コンゴ東部で起きていることを日本やアジアに『正確に』伝えてほしい」

インタビューの冒頭、彼は「正確に」という言葉を意図的に強調した。

「ここで起きている紛争は、欧米で言われているような民族同士の殺し合いなんかじゃない。国と国が領土を奪い合う戦争でも、宗教的な対立でもない。豊富な地下資源をめぐって引き起こされている、純粋な経済戦争なんだ」

コンゴで内戦が始まったのは一九九六年。以来、パンジ病院では兵士らに性暴力を受けた女性たちを受け入れ続けてきた。

その数、約三万人。被害女性の多くはけがをしているだけでなく、家族の面前でレイプされ、精神的にも大きな傷を負っている。そのため、病院では患者が運び込まれてきても、すぐには手術をすることができない。多くの女性が自暴自棄になっており、たとえ手術をしたとしても、食事を取らなかったり、薬を飲まなかったりするからだ。

治療を終えたとしても、敵にレイプされた女性は周囲から汚れていると見なされ、家庭や地域に戻りにくい状況がある。レイプによって生まれた子どもは地域社会から疎外され、その影響は化学兵器による後遺症のように、何世代にもわたって続いてしまう――。

「『iPhone戦争』とか『プレイステーション戦争』とかいう言葉を聞いたことがあるかな?」

ムクウェゲは声のトーンを落として私に聞いた。

「アップルやソニーを非難しているんじゃない。コンゴ東部には金やダイヤモンドだけでなく、スマートフォンやゲーム機などの電子機器を作るのに不可欠なコバルトやタンタルなどのレアメタルが豊富に眠っている。これらの地下資源はすべて国外へと輸出され、その利益の多くが鉱山や埋蔵地帯を占拠している武装勢力の資金源になっているんだ。武装勢力はそのカネで先進国から大量の武器を購入している。豊富な資金源があるから、ここでは戦争が終わらない。欧米諸国や日本が作り出す電子機器のために、この国では少年たちが少年兵にさせられたり、少女たちがレイプされたりしているんだ……」

レイプの被害者については内戦状態で調査ができず、その数を特定するのは難しい。米国の公衆衛生専門家が二〇一一年に米学術誌に発表した報告では、二〇〇六年から二〇〇七年の一年間でレイプされた一五歳から四九歳の女性は四〇万人以上。

「実際の数は誰にもわからないんだ」と彼は無念そうに天井を見上げた。

一九五五年、ムクウェゲはブカブで生まれた。父はプロテスタント教会の牧師で、医師や看護師の少ないアフリカ諸国が往々にしてそうであるように、伝統的な「祈禱師《きとうし》」としての役割も担っていた。

八歳になったとき、彼は近所の赤ちゃんが病気になったため、万能であるはずの父に「あの子の病気を治してほしい」と懇願した。父は病の子どもの貧家に出向き、しばらく祈りを捧げた後、薬も治療も施さずに帰宅した。

その様子を見て、子どもながらにショックを受けたムクウェゲは帰宅後、父に尋ねた。

「なぜ、あの子には薬をあげなかったの？」

家ではいつも彼が病気になると、父が祈りを捧げるとともに西洋薬を手渡してくれていたからだ。

「私は牧師であり、医者ではないのだよ」と父は微笑《ほほえ》みながら息子を諭した。

「お前が病気になったときにあげている薬は、私が病院でもらってきたものなんだ。お前が本当に誰かを救いたいと思うのなら、祈りと薬を両方授けられる人になりなさい」

彼はその日を境に、将来は医療従事者になることを心に決めた。資金的に豊かではない牧師の子として、夢を叶《かな》えるための選択肢は二つしかなかった。一つは看護師になること。もう一つは医療アシスタントになること。

ところが、学校の成績が優秀だったムクウェゲは、ある日校長から「学位を取って、医師になったほうがいい」と勧められ、隣国ブルンジの首都ブジュンブラの医療学校へと進学する。一九八三年に卒業すると、彼はブカブから南に約六〇キロ離れたルムラと呼ばれる小さな田舎の病院に赴任した。

新人医師はそこである「アフリカの現実」に直面する。コンゴの中でも貧しい地域であるルムラでは、多くの女性が出産前後にいとも簡単に死んでしまうのである。

人の命を授かる出産で、なぜ命を失わなければならないのか――。

ムクウェゲは一九八四年、フランスのアンジェに渡り、産婦人科医になるための教育を受け始める。

フランスでは、アフリカの最貧国であるコンゴとは比べようもない豊かな暮らしが待っていた。商店には毎日破棄されるほどの食べ物が並び、人々は自由で文化的な生活を享受することができる。ムクウェゲはそこで家族とともに何不自由ない生活を約五年間続けた。

一方で、彼はその間ずっと、「自分はここにいるべきではない」と自らに言い聞かせ続けていた。

「俺は豊かな生活を送るために医師になったわけじゃない――」

そして一九八九年、かつての勤務先であるコンゴ・ルムラの病院へと舞い戻ったのだ。ルムラには学校も大型商店も満足な道路さえもなく、五年間フランスで暮らした妻子が生活できるか不安だったため、家族を出身地のブカブに残して単身赴任した。

一九九四年、隣国のルワンダで民族同士の争いによる大虐殺が発生し、その紛争が飛び火する形で一九九六年にコンゴでも内戦が始まると、戦火は容赦なくルムラの村をのみ込んでいった。勤務先の病院も襲われ、ムクウェゲも三〇人の受け持ち患者と数人の同僚を虐殺されるという悲劇に見舞われた。

その後、彼は生き延びた患者をより安全なブカブへと移動させると、現在のパンジ病院が建っている郊外の空き地にテントを張って、出産間近の女性たちを受け入れ始めた。診療を求めてやってくる女性患者は日に日に増加していった。その多くが妊婦や出産直後の女性ではなく、戦闘中に兵士や反政府勢力にレイプされた女性たちだった。

二〇一二年九月、彼は米ニューヨークの国連本部に招かれ、本会議場で次のような演説を行った。

「私は本来であれば、『皆様の前でこうしてお話をすることができてとても光栄です』とこのスピーチを始めるべきなのでしょう。しかし、今はそれができません。コンゴ東部ではいまこのときにおいても、性暴力による被害者たちが屈辱的な環境に置かれているからです。私はいつも年老いた女性や少女が、母親や赤ん坊までもが、兵士たちに汚されているのを見ています。彼女たちの多くは性奴隷にさせられ、ある者は戦争の武器として使われています。一六年間も、です。コンゴの豊かな地下資源のために、彼女たちは一六年もの間、拷問を受け、女性としての尊厳を踏みにじられています」

そして、紛争を野放しにしている祖国コンゴを非難した。

「私も『祖国を誇りに思う』とここで言いたい。でも、いまはそれができない。一六年間に五〇〇万人の少女たちがレイプされ、六〇〇万人の少年少女が殺害されているというのに、明確なビジョンも掲げず、彼らを守ることも、敵と戦うこともしない国家に所属することを、誰が誇りに思えるでしょうか――」

その演説から一カ月後、彼はブカブの自宅で何者かに襲われた。武装した男たちに包囲され、強制的に車から引きずり降ろされたのは、彼が勤務先の病院から帰宅し、自宅のゲートをくぐり抜けた直後だった。

主犯格の男が彼の正面に回り込み、銃口をまっすぐに彼へと向けたとき、異変に気づいた使用人が慌てて彼の前に飛び出してきた。男はまず使用人に狙いを定めて引き金を引いた。炸裂音《さくれつおん》が空気を引き裂き、使用人が後方へ、ムクウェゲの体はその反対側へと飛ばされた。

襲撃者たちは動揺していた。ムクウェゲがわずかな隙をついて車の反対側へと回り込むと、銃声が数発響き、車に当たって金属片が周囲に弾けた。自宅の中から娘たちの悲鳴が聞こえ、ムクウェゲが大声で周囲に救援を求めると、襲撃者たちは大慌てで逃げていった。

自宅では娘二人とその女友だちが震えながらパニック状態に陥っていた。男たちは自宅に押し入り、娘たちを人質に取った上で、「叫ぶな、電話もするな」と命令していたようだった。襲撃後、外出中だった妻が慌てて自宅に戻り、青ざめた娘たちを抱きしめていた。

直後、ムクウェゲは家族を連れてコンゴを離れ、ベルギーへと避難した。

「『もう十分だ』と思ったんだ」

ムクウェゲは病院の執務室のソファに腰かけながら当時の心境を振り返った。

「こんな環境では医療行為はおろか、生存すらできない。家族もひどくおびえていたし、私は妻や子どもたちの将来について責任を負っている。私は、私の人生をやり直そうと思った。ベルギーの後に米ボストンに行き、どこかで研究職に就けないかとも考えていた」

「でも、あなたはコンゴに戻ってきた」

私がそう質問すると、ムクウェゲはなぜか笑った。

「パイナップルが原因だよ」

「パイナップル？」

「そう、パイナップル」と彼は微笑みながら話を続けた。

「私がベルギーに拠点を移したとき、何人かの患者から私宛てに手紙が届いたんだ。ブカブに戻ってきてほしいと懇願する内容だった。『あなたの面倒は私たちが見る。私たちがあなたの安全を守り抜く』と書いていた。彼女たちは同じ文面を大統領や国連事務総長にも送っているらしく、そのコピーも同封されていた。正直、頭がどうかしてるんじゃないかと思ったよ。でもね、彼女たちはそのときすでに、私の航空券を買うために、みんなで収穫したばかりのパイナップルを売り歩いていたんだ」

私はいかにもアフリカらしい心温まるエピソードを必死にノートに書き留めた。

「それで私は帰ることにした」とムクウェゲは言った。「ブカブの病院に戻るとね、看護師や医師や治療中の女性たちが全員総出で病院の入り口や廊下やらで私を出迎えてくれた。アフリカだからね。それはもう、ものすごいお祭り騒ぎだったよ。私はその歓迎ぶりを見てね、もし私が将来ノーベル賞をもらったとしても、これほど幸せを感じることはないだろうと思ったんだよ。八歳だったあの日、医学の道を志して良かったと思った。誰かのために生きられるということは、実は誰にでもできることではないということを、自分は少しずつわかり始めていたからね」

ムクウェゲは予定を三〇分ほどオーバーして私のインタビューに応じてくれた。握手をして別れる瞬間、彼が発した言葉が印象的だった。

「ノーベル賞なんていらない。私が欲しいのは、誰もが安心して暮らせる平和な地域だ。ノーベル平和賞なんていらなくなる世界が、いつかやってきてほしいと願っている」

＊ノーベル委員会は二〇一八年一〇月、デニ・ムクウェゲにノーベル平和賞を授与すると発表した。授与の理由は「性暴力という戦争犯罪に焦点を絞り、なくそうと努める重大な貢献をした」というものだった。

デニ・ムクウェゲ（パンジ病院にて）

隣人を殺した理由 ——ルワンダ

ルワンダはあまりに美しい国だった。

国全体がアフリカ中部の高地に位置しているために気温も冷涼で、「千の丘の国」と呼ばれるように、見渡す限りの地平線に穏やかな山の稜線《りょうせん》が幾重にも連なる風景は、日本の長野県のそれに似ていた。

人々は皆親切でホスピタリティにあふれており、だからなぜ、この国の人々がわずか一〇〇日の間に八〇万人以上もの隣人を殺《あや》めてしまったのか、にわかには信じることができなかった。

一九九四年、ルワンダ国内で多数派民族が少数派民族をナタや棍棒《こんぼう》で殴り殺した「ルワンダの大虐殺」。

多くの地区で少数派民族が根絶やしにされるといった人類史上最悪の記憶を、人々はどのように昇華させているのか、あるいは心の中にわだかまりとして残しているのか。

いくつかの書籍に目を通してみても肝心なところがいま一つよくわからなかったため、思い切って現地を訪ねてみることにした。この世界には、本を読むだけではわからないことが確かにあるのだ。

訪れた首都キガリの「集団虐殺記念館」には、市内で殺害されたという約二万九〇〇〇柱の遺骨が収容されていた。展示室にはナタで切りつけられた痕が残る数十もの割れた頭蓋骨の実物が並べられており、この国で当時何が起きたのか、来訪者に無言で語りかける内容になっていた。

案内板の表示に沿って進むと、床一面が遺体で埋まった教会の写真が大きく引き伸ばされて掲示されていた。花柄のスカートの下から突きだしている無数の骨にはまだ肉片がこびりついており、子どもとみられる小さな骸骨は不自然に首から折れて大きな大人の骨にもたれかかっている。

「これらは絵画でもCG（コンピューター・グラフィックス）でもありません」と案内してくれた記念館の女性が私に言った。「実際にこの国で撮られた写真です」

私には聞いてみたい質問があった。

「この国にはいまも加害者側である多数派民族がたくさん暮らしていますよね。ここまでダイレクトに虐殺の事実を展示しても、苦情のようなものは来ないのでしょうか？」

「その質問にはお答えする必要がないように思います」と案内係の女性はきっぱりと言い切った。「事実を覆い隠すこともできますが、それでは記憶を継承していくことはできません。

何が起きたのかを伝えることが、我々の記念館の使命です」

私は許可を得て虐殺現場の写真をカメラで撮影し、説明書きに記されていた教会の住所をノートにメモした。そこには「ンタラマ」という村の名前が記されていた。

翌日、車でンタラマ村を訪れてみると、虐殺のあった教会は町の中心部から少し離れた丘の上に現存していた。崩れた教会の壁の形が、キガリの記念館に掲示されていた写真のそれと一致している。教会はいまは資料館として使われているらしかった。

「ここでは約五〇〇〇人の住民が虐殺されました」。中に入ると、ボランティアで案内を担当しているという黒人の中年女性が当時の状況を説明してくれた。

「みんな、教会では人殺しはしないだろうと思ってここに避難してきたのです。それがあだになりました。民兵たちは人々を銃で脅して礼拝堂へと押し込むと、外から扉の鍵を閉め、笑いながら自動小銃を乱射したり、窓から手榴弾《しゅりゅうだん》を放り込んだりしたのです。それでも全員は殺せなかったので、最後には礼拝堂に火をつけました」

礼拝堂の周囲は墓地になっており、まだ埋葬できていない数百の遺骨が粗末なバラック小屋の棚に並べられていた。人が生きたまま焼かれた調理室や、子どもの足を取って壁に投げつけ、頭蓋骨をかち割って殺したという日曜教室の壁などがそのまま保存されていた。どれほどの勢いで小さな頭をそこにぶつけたのか、日曜教室の壁はその一部分だけがすり減り、わずかなくぼみとなって残っていた。

「彼らは『ゴキブリを殺せ』と叫んで少数派の住民を殺しました」とボランティアの女性は言った。「人間を『ゴキブリ』にたとえるなんて、あなたは大昔の狂気だとお思いになるかもしれません。でも、私たちにとってはあまりに身近な、国民の多くが記憶を有しているたった二〇年前の出来事なのです」

多数派民族のフツ人と少数派民族のツチ人はかつて、この美しいルワンダで友好的に暮らしていた。同じ丘で暮らし、同じ言語を話し、異なる民族の間で結婚もした。

二つの民族を切り裂いたのは、旧宗主国のベルギーだった。ルワンダに科学者を送り込み、現地人の体重や頭蓋骨の容量、鼻梁《びりょう》隆起などを測定した結果、「少数派のツチ人は、多数派のフツ人よりも鼻が高いため、西洋人により近い」などという結論をでっち上げ、多数派のフツ人を少数派のツチ人に間接統治させる形で植民地支配を進めたのだ。

一九六二年にベルギーから独立し、多数派のフツ人が大統領になった後も、人々は互いに憎みあい、何度も衝突し、そのたびに多くの犠牲者を出し続けていた。

一九九四年四月六日、多数派のフツ人の大統領が乗った飛行機がキガリ空港への着陸寸前に何者かによってミサイルで撃墜されると、混乱に乗じて国家権力を掌握したフツ人の急進勢力がフツ人の民衆に対し、「ツチ人は国家転覆を企《たくら》む反逆者である」と名指しして、ツチ人を皆殺しにするようラジオで扇動し始めた。

虐殺は首都キガリで始まり、やがて地方や農村部へと伝播《でんぱ》していった。人々はこれまで同じ地域で暮らしてきた少数派のツチ人の隣人を探し出すと、彼らを捕らえて容赦なく拷問し、略奪し、殺害した。殺戮《さつりく》を主導したのは地方の行政幹部や教師などのエリート層で、実行部隊となったのは若者たちによって構成された民兵組織だったと言われている。

人類史上に例を見ない八〇万人もの大量虐殺に使用されたのは、原爆でもトマホークでもなく、市民を扇動するラジオと、人々が農作業で使っていた原始的なナタだった。

米国人ジャーナリストのフィリップ・ゴーレイヴィッチが著した『ジェノサイドの丘』(柳下毅一郎訳、WAVE出版)には、当時の様子が次のように記されている。

ジェノサイドの期間中、殺人者たちには「仕、事、を片づけ、ろ、!」と激励の言葉がかけられた。(中略)死者たちと殺人者たちとは隣人同士であり、同級生であり、同僚であり、ときには友人同士であり、親類の場合さえあった。(中略)ツチ族の人々から保護を求められたフツ族市長は、教会に避難するように勧めた。ツチ族がその言葉に従うと、数日後市長が先頭に立って殺しにきた。市長は兵士、警官、民兵、それに村人たちを率いていた。武器を配り、仕事をやりとげるようにと命令を下した。それだけでも充分だったが、市長はみずから数名のツチ族を殺したという。

現地でジェノサイドからの生還者《サバイバー》を見つけるのは簡単だった。

取材助手にその旨を告げると、彼は「どの集落にもいるよ」と運転していた車を道ばたに停め、通りすがりの農夫に「近くにサバイバーはいないか」と尋ねた。案内された一軒の民家を訪ねると、彼女は一瞬戸惑った表情を見せたものの、私たちの取材に応じてくれた。

当時一三歳の中学生だったその女性は、ジェノサイドで両親と兄弟七人を失っていた。大統領の乗った飛行機が落ち、暴動が始まると、家族全員で近くの教会に逃げ込んだ。

教会には約二〇〇〇人のツチ人が集まっていた。直後、フツ人の民兵がトラックで押し寄せ、「今からゴキブリを皆殺しにする」と言った。ツチ人の村長が歩み寄ろうとすると、リーダー格の男はその場で村長の片腕を切り落とし、すぐさま拳銃で村長のこめかみを撃った。

「次はどいつだ」

リーダー格の男が叫ぶと、ナタを持った民兵たちが次々とトラックから降りてきて、子どもたちの首をはねたり、女性を茂みに連れ込んで集団でレイプしたりし始めた。

彼女の一家は教会を抜け出して森へと逃れ、夜を待って自宅に戻った。しかし、隣人の誰かが通報したのだろう、すぐに十数人の民兵が押し寄せ、家族を自宅前に並ばせると、「全員殺す」と父親を脅した。

父親は「数分待ってくれ」と命乞いをし、家にあった宝石や現金、預金通帳などをかき集めて民兵のリーダーへと差し出した。リーダーは持っていたザックにそれらを詰めると、父親をその場に跪《ひざまず》かせ、家族の目の前で首を切り落とした。殺害の瞬間、大きな悲鳴を上げた長女は民兵たちに取り押さえられ、その場で両手両足を切断された。長女は数十分後、苦しみ抜いて死亡した。

三人の妹と三人の弟は順番に体を切り刻まれ、近くの深さ約一〇メートルの穴の中へと放り込まれた。明朝、穴の近くに行ってみると、当時三歳だった妹が無数の遺体の中でまだ生きていた。自宅にあった縄を使って引き上げ、その後は湿地へと逃げて泥水を飲みながら数日間生き抜いた。

「あなたは何もされなかったのでしょうか」と取材中、当然の疑問を取材助手は尋ねた。

「ええ、私は何もされませんでした」と女性は小さな声で質問に答えた。

私たちはそれが嘘《うそ》であることを知っていた。彼女の家を案内してくれた農夫によれば、彼女は当時民兵たちに集団でレイプされ、そのとき身ごもった子どもと一緒にいまも暮らしているはずだった。

私たちは、あえてそのことには触れずにインタビューを進めた。しかし、その後の暮らしを尋ねていくうちに、どうしても話の辻褄《つじつま》が合わなくなってしまう。

「ごめんなさい、私、嘘をついていました……」と彼女は突然、両手で顔を覆うようにして泣き始めた。

「私は中学生だったからレイプされて殺されなかっただけ。彼らは私をずっとレイプしていたかったから、ただ殺さなかっただけなのです……」

「あなたの家族を殺したり、あなたをレイプしたりした人たちは誰ですか？」と取材助手が自発的に聞いた。

「顔見知りです。いまも近くに住んでいます」

ルワンダの悲劇は、加害者と被害者がいまも近接して暮らしているところにある。

「近くに住んでいる加害者を、あなたはいまどう思っているのでしょうか？」

私は言葉を選んで質問を続けた。

「殺したいです」と彼女は即答した。「でも、殺せない。神様がそれを許さないから。教会に行くと、あなたは時間をかけて彼らの行為を許しなさいと言われます。そうしなければ、私も、私の子どもも、この地域では生きていくことができないのです……」

近くの集落で暮らす牛飼いの男性は妻と子ども三人をフツ人に殺されていた。妻は長さ二メートルの木の枝を性器から喉へと貫通させられて即死。息子は自分で穴を掘って中に入るよう命じられ、首から下を地中に埋められて餓死させられていた。

加害者の名前を聞くと、その人物は彼の自宅から数百メートル離れた隣の集落で暮らす隣人だった。私と取材助手が隣の集落を訪ねていくと、加害者は特に嫌そうなそぶりも見せずに取材に応じた。

「仕方がなかったんだ」と加害者はそれがまるで不可抗力だったように私たちに言った。「政府がラジオで『ゴキブリを殺せ』と連呼していたし。みんなでやった行為だろう。一人だけ抵抗するのは難しかったんだ」

〈ゴキブリを殺せ〉とラジオが叫び、みんなでそう口を動かしているうちに、気がつけば意に反して自分も殺人鬼になってしまっていた――それが加害者の「言い分」だった。

「ふざけるな」とその瞬間、一緒に取材を続けてきた現地助手が叫びながら男の胸ぐらをつかんだ。「誰がゴキブリだ、何人殺した、お前は何人殺したんだ？」

私はびっくりして、慌てて二人の間に割って入った。加害者が突然の出来事に目を白黒させている一方で、取材助手は完全に我を失っていた。

「言え、何人殺した？」と取材助手は相手の胸に拳を突きつけ、私の姿が目に入らないようだった。「何人殺した？　何人殺したんだ？」

私は加害者に非礼を謝り、そのまま加害者を車に乗せて穏便に自宅へと送り返した。加害者が助手の行為を問題にし、仲間を連れて復讐《ふくしゅう》に乗り出してくることを私は恐れた。

「俺も家族を殺されたんだ」と取材助手は帰りの車の中で私に言った。「両親と兄弟を全部で七人も……」

車の助手席で取材助手の話を聞きながら、私はなぜか、かつて目撃した東京・新宿の風景を思い出していた。そこではたくさんの人々が日章旗を振りかざし、一字一句違《たが》わない言葉で、少数派の在日朝鮮人の人々に向かって「ゴキブリを殺せ」と連呼していた。

「殺せ」と叫ぶ人々は、やがて潮目が変われば本当に殺すだろう。笑いながら、歌いながら、子どもたちの足を持ち、ぶんぶん振り回して、レンガの壁で頭を砕くだろう。ルワンダの歴史はSFでもファンタジーでもなく、わずか数十年前のノンフィクションなのだ。

ヘイトスピーチを許さないこと。それは少数派の人々を守ると同時に、多数派である人々を加害者に、つまり隣人を殺人者にしないための第一の方策なのだと、フロントグラスに映る美しい丘陵地の風景を見ながら私は思った。

歴史は繰り返す。どんなに科学技術が進歩しても、我々人間は本質的には変われないから。ならば、私たちにできることは、現実を直視し、過去に学び、自らが過《あやま》つ前にその歩みを正すこと――。

「なんて悲しい国なんだ……」

私が口に出してそう言うと、取材助手は「そうだ、ルワンダは美しくて、悲しい国だ」と吐き捨てるように言った。

ガリッサ大学襲撃事件　——ケニア

突然、スマートフォンの着信音が鳴った。通話ボタンを押すと、所属新聞社のナイロビ支局に勤務する取材助手のレオンの声が緊張している。

「ケニア東部の大学がテロリストに襲撃された。何十年に一度のテロだ。すぐにケニアに来てほしい」

二〇一五年四月、私は南アフリカ・ヨハネスブルクの自宅にいた。テレビのチャンネルをBBCに合わせると、すでに速報が流れ始めていた。

襲われたのはケニア東部の中核都市ガリッサにあるガリッサ大学。イスラム過激派「アルシャバブ」の戦闘員たちが大学の教室や学生寮などを占拠して、学生たちを皆殺しにしている——。

速報の犠牲者数はすぐに四〇人になり、三〇分後には一〇〇人を超えた。アフリカでの報道は、天気予報程度にしかあてにならない。とは言え、その情報の混乱ぶりから察するに、現場でただ事ではないことが起きていることはどうやら事実のようだった。一度起こると、報復を含めて手がつけられなくなる。それがアフリカのテロなのだ。

ガリッサはケニア東部の半砂漠地帯にあり、首都ナイロビから四輪駆動車で向かっても八時間はかかる。ヨハネスブルクからケニアまでは飛行機で約四時間。どんなに急いでも、現場への到着は今夜未明か翌日の朝になりそうだった。いつも紛争地取材でそうしているように、重さが一〇キロ以上もある防弾チョッキと防弾ヘルメットをスーツケースに押し込んで、空港へと向かうタクシーに飛び乗った。


ナイロビから四輪駆動車に乗って約八時間、襲撃事件が起きたガリッサに到着したのは午前六時を回っていた。ケニアではキリスト教徒とイスラム教徒の割合が九対一と言われるが、女性の服装を見る限り、現地でのそれは六対四だ。紛争地ソマリアに近いこの町では、これまでにも数百人の市民がテロで犠牲になっており、警備中の兵士に交じって事件の成り行きを見つめる市民の表情には、深い疲労の色が漂っていた。

大学に向かうと、すでに襲撃者たちは治安部隊によって射殺された後らしく、救急隊員らの手によって無数の死体が構内から運び出されているところだった。テロリストたちは最初に警備員を射殺した後、手榴弾で大学の門を破壊し、六棟ある学生寮を襲って約八〇〇人の寮生のうち約一四〇人を殺害したらしく、学生寮の鉄格子は爆弾のようなもので吹き飛ばされており、コンクリート製の壁には銃撃戦によってできた無数の弾痕が残されていた。

事件を目撃した学生たちは治安当局によって近くの競技場に集められていた。場内におけるメディアの取材は禁じられていたため、私は助手のレオンに親族を装って競技場に入ってもらい、話を聞けそうな学生の連絡先を入手してきてもらった。

後日、大学の教育学部で学んでいた青年に話が聞けた。

青年はその日、二〇〇人が暮らす学生寮の二階で就寝していた。午前五時半、寮外で銃声が響き、寮の一階の踊り場から「ソマリアを攻撃するケニアに反撃する」という男の叫び声が聞こえた。青年はすぐさま自室のベッドの下へと身を隠した。

「最初は誰かがふざけているんだと思った。でも、その後すぐにタタタタタッというカラシニコフ銃の連射音が聞こえたので、寮中がパニックになったんだ」

階下から漏れ聞こえてくる声で、寮生たちが襲撃者によって一階の踊り場に集められているのがわかった。彼らは学生たちに「今すぐ携帯電話で家族に連絡しろ。家族に最後のメッセージを言え」と大声で命令していた。襲撃者たちは寮生が家族に電話し、メッセージを発した直後に電話を取り上げ、「これからお前の娘（息子）を殺す」と家族に宣言してから、その場で寮生たちを射殺していた。

ベッドの下から廊下へと這いだし、階段の隙間から一階踊り場を覗《のぞ》き見ると、覆面姿の男たちが寮生を一列に並ばせ、ナタで順番に首を切り落としているところだった。

青年は首を切られるくらいなら銃で撃たれたほうがましだと思い、同室の友人と非常階段を駆け下りて校門の外へと走った。屋上から銃を乱射する音が立て続けに響き、すぐ後ろを走っていた友人が倒れた。青年は振り向くことなく校門を抜け、近くの茂みの中へと飛び込んだ。

無我夢中で数キロ走り、ようやく競技場にたどり着いたとき、ポケットに入れていたスマートフォンに友人からいくつもの写真が送られてきているのに気づいた。

「これです」

青年はそのとき送られてきたという写真をスマートフォン上で私に見せてくれた。学校の教室に十数人の学生が血まみれになって横たわっている写真だった。送信時刻が襲撃の時間とほぼ一致している。

「そのとき現場にいた友人によると、テロリストたちは寮生たちを一度教室に集めた後、『イスラム教徒は外に出ろ』と命令してから、残った寮生に向かって銃を乱射したみたいなんです。射殺後、遺体からスマートフォンを盗み取り、それで写真を撮影して学生のメーリングリストに一斉送信していたと……」

「なんでそんなことを」と私はわけがわからなくなって青年に聞いた。

青年は震えながら言った。

「警察から聞いた話では、ケニア人に恐怖を広く植えつけるためだと……」

ガリッサ大学の襲撃事件後、ケニア政府はすぐさま「報復」に乗り出した。ケニア東部のソマリア国境近くに設置されている「ダダーブ難民キャンプ」が、襲撃事件を起こしたイスラム過激派「アルシャバブ」の活動拠点となっているとして、難民キャンプそのものを撤去する方針を打ち出したのである。

ダダーブ難民キャンプは約三五万人ものソマリア難民が暮らす、世界最大の難民キャンプだ。運営する国連難民高等弁務官事務所（UNHCR）は「非人道的な判断だ」と反発したが、ケニア政府は聞く耳を持たない。

三五万人もの難民はどこへ行くのか――。

翌月、私とレオンは現状を把握するため、ソマリア国境に近いダダーブ難民キャンプへと向かった。

襲撃事件の起きたガリッサから半砂漠地帯を四輪駆動車で約三時間。砂漠地帯に突然、粗末な小屋が立ち並ぶ、広大な難民キャンプが出現した。五つの地区に分かれており、計約五〇平方キロ。一九九一年、ソマリア内戦による難民を受け入れるために設置され、当初は九万人に対応する想定だったが、二〇一五年には約三五万人にまで膨れ上がっていた。

キャンプ内にはソマリア国内からも過激派が容易に行き来できるとされており、米メディアは実際にこれらの抜け道を実証してもいた。取材の申請時にはUNHCRの担当者から防護指導を受け、取材には安全確保の理由から自動小銃を携帯した二人の警官が同行するという条件を受け入れた。

「滞在は三〇分以内にしてください」と難民の居住区の入り口で担当官にきつく注意された。「家の隙間から同僚が何度も狙撃されています。最近ではキャンプ内で地雷を踏んで車両が激しく爆発するという事故も起きています」

キャンプに入ると、難民の居住区内では木の枝とビニールシートで作られた粗末な住居が密集していた。学校や診療所もあるといい、人々は国連などからの支援物資に頼る貧しい暮らしを続けている。

「小さなテントに子や孫と一五人で暮らしている。このキャンプを離れては、我々は生きていくことができないんだよ……」と一九九二年にソマリアから逃げてきたという六六歳のサルタン・オカネは、私の取材にキャンプの存続を懇願した。

キャンプで暮らす約六割にあたる二〇万人ほどが一七歳以下の子どもたちだ。キャンプで生まれた一八歳のファラダス・アベンは、ケニア政府の撤去方針に抗議する。

「将来は難民を救う医師になりたくて、キャンプ内の学校で必死に勉強してきたのに、ソマリアに戻されたら、勉強を続けられなくなってしまう」

彼らの祖国ソマリアは一九九一年にバーレ政権が転覆し、無政府状態に陥っている。二〇一二年に統一政府が発足した後もアルシャバブなどのイスラム過激派が台頭し、テロや戦闘が絶え間なく続く。

ケニアは二〇一一年、テロを撲滅するためにソマリアに軍を派遣し、その後も軍事介入を続けている。アルシャバブはこれに反発し、二〇一三年にはケニアの首都ナイロビのショッピングモールを襲って外国人を含む六七人を殺害するなど、報復のテロを繰り返してきた。テロが報復を招き、その報復が新たなテロを呼ぶ。憎しみと怒りの連鎖。その鎖を断ち切るにはどうすればいいのか。

キャンプで暮らすソマリア人難民会議の議長アブダビ・イブラヒムが取材に答えた。

「ケニア政府の考えは完全に間違っている。いまキャンプを撤去すれば、行き場のない若者たちがアルシャバブに勧誘されて、新たな戦闘員になるだけだ。必要なのは報復ではなく、対話だ」

それを誰もがわかっているはずなのに、ここではこんなにも難しい。

ガリッサ大学襲撃事件の現場を警備する兵士とそれを取り囲む民衆

宝島　——ケニア・ウガンダ

アフリカに「宝島」と呼ばれる島がある。

東アフリカのビクトリア湖に浮かぶ「ミギンゴ島」だ。

サッカーコートの四分の一ほどの面積（約一八〇〇平方メートル）の岩礁に、千数百人もの漁師や家族が張りつくようにして暮らしている。

そこが「宝島」と呼ばれる理由は、その周辺水域が高級魚ナイルパーチの最良の漁場だからだ。ミギンゴ島に行けば一日で一カ月分のカネを稼げる——そんな噂がビクトリア湖の周辺に広がり、一九九〇年代以降、鳥と蛇しかいなかった岩礁に千数百人が住み着いた。

家々が密集する島の写真が撮りたくて、ナイロビ支局に勤務する取材助手のレオンと一緒にビクトリア湖を目指した。

ケニア側の沿岸都市からさらに約三時間かけて湖畔の町へ。さらに町外れの波止場から小舟で島に渡ろうとしたところ、運悪くケニアの警察当局に見つかってしまい、私だけが乗船を止められた。

警察官曰く、「国際問題になる可能性があるため、外国人の記者をミギンゴ島に上陸させるわけにはいかない」。

ビクトリア湖はケニアとウガンダの間にあり、その中に浮かぶミギンゴ島はちょうどケニアとウガンダの国境付近に位置している。「宝島」は長年、両政府がそれぞれ領有権を主張し合う「紛争の島」でもあるのだ。

二〇〇九年、グーグル・アースの衛星写真によって島が国境より五〇〇メートルほどケニア側にあることが判明したものの、ウガンダ政府は依然、「島はケニア領かもしれないが、漁民が漁をしている水域はウガンダ領にある」として争う姿勢を崩していない。

私は仕方なく、取材助手であるケニア人のレオンに小型のデジタルカメラを渡して小舟で島へと渡ってもらうことにした。

約八時間後、レオンはヘトヘトに疲れ果てて波止場に戻ってきた。

「死ぬかと思ったよ。湖が荒れて、小舟が沈没しそうになったんだ」

レオンは現地で撮影してきた数十枚の写真をパソコンに映し出して私に見せてくれた。

島には数十のトタン小屋がまるでタニシのようにびっしりと張りつき、島内はさながら迷路のようになっている。通路の幅は約八〇センチしかなく、大人一人がかろうじて通り抜けられるほどの幅だが、その両側にはバーや薬屋、ホテルまでもがひしめき合っている。

一方で、レオンが聞き込んできた島民の話によると、「宝島」では最近、以前のようには魚が捕れなくなってきているらしかった。彼が島で取材した漁労長によると、一〇年前は一人一日五〇キロ前後の漁獲があり、一日二〇〇ドル（約二万円）ほどを稼ぐことができたが、最近では一日一〇キロ捕れれば良いほうで、高級魚のナイルパーチについてはほとんど捕れなくなってしまったという。

「湖が汚れているからだと思う」

レオンはそう言うと、島の周囲の湖面の状況をパソコンの液晶画面へと映し出した。そこには湖水が緑色に変色し、ペットボトルのゴミなどが無数に浮かんだビクトリア湖の水面が写っていた。島では岩場の端をトイレにし、汚物はそのまま湖に流しているらしかった。

「島の人はその水を調理用や飲み水として使っているんだ」とレオンは顔をしかめて言った。「島の女性たちは『午後の水は汚いけれど、朝は大丈夫。夜に風と波が汚れを遠くへ押し流してくれるから』と話していたけれど、おそらくそれも限界に近いんじゃないかな」

翌週、私とレオンはビクトリア湖西岸のウガンダ側へと回り、近郊の漁師町で小舟を借りてビクトリア湖の沖合へと出てみることにした。

湖は一面アオコで覆われ、周囲にはドブ川のような腐敗臭が漂い、舟を回すと水流が乱れて湖面に濃緑のマーブル模様ができるほど、ビクトリア湖の水は汚れていた。

沿岸の漁師に釣果《ちょうか》を尋ねると、全員が「想像通りだ。こんなに湖が汚れている」と寂しそうに首を振った。

再びケニア側へと戻って、ビクトリア湖の生態系に詳しいマセノ大学の教授ディクソン・オゥイティを訪ねると、彼は「ビクトリア湖はナイルパーチによって殺されたんだ」と一見逆説的とも思える理由を私たちに解説してくれた。

かつてビクトリア湖には約四〇〇種の固有種が生息していた。ところが一九五〇年代、乱獲によって淡水魚が減少すると、それを補うために食用として肉食の外来魚ナイルパーチが放流され、固有種の約半数がナイルパーチに食べられて絶滅してしまった。藻やプランクトンを食べていた固有種が減少し、結果、藻やプランクトンが異常増殖するようになったため、湖中が酸欠状態に陥って、魚が棲《す》めない環境が生まれている……。

老教授は悲しそうな瞳で言った。

「高級魚のナイルパーチは広く海外に輸出され、一キロあたり五〇〇円前後の高値で取引される。ビクトリア湖には貧しい漁民がナイルパーチを求めて殺到するようになり、以来、湖には大量の汚水が沿岸地域から直接流れ込むようになってしまった。浄化作用を失った湖は加速度的に汚染の度合いを深めていき、今ではナイルパーチでさえも捕れなくなった。魚も人も、ここにはもう住めなくなっているのだよ……」

執務室には、数十年前に水産会社から贈られたというナイルパーチの剥製がほこりをかぶった状態で飾られていた。

老教授はその古びた剝製を手に取りながら、異国からの取材者である我々に言った。

「あなたたちにはぜひとも知っておいてほしいことがある。この剝製を作ってかつて私にプレゼントしてくれたのはどの国か。ナイルパーチの最大の輸出先は欧州、そしてあなたの祖国、日本なのだよ」

ビクトリア湖に浮かぶミギンゴ島（取材助手レオン撮影）

マンデラの「誤算」——南アフリカ

二〇一五年四月、南アフリカ全土を突如、移民排斥運動（ゼノフォビア）が覆い尽くした。数日間の暴動で少なくとも七人が死亡し、八〇〇〇人以上が住む家を追われた。

かつてアパルトヘイト（人種隔離政策）を「克服」したはずの南アフリカ。その国でなぜ移民への憎悪の炎が燃え盛るのか——。

暴動の発端となった南アフリカ東部ダーバンに、ヨハネスブルク支局の取材助手フレディと一緒に車で乗り込んだ。都市人口の三分の一が不法移民とされ、南アフリカでも特に移民の割合が高いエリアだ。移民地区ではすべての店のシャッターが下ろされ、南アフリカの若者たちが「移民は出ていけ」と叫び、路上でタイヤを燃やして気勢を上げていた。

「写真を撮ったら早めに脱出しよう」

遠くで二発銃声が聞こえ、ハンドルを握るフレディが言った。

「ここでは誰もが銃を持っている。外国人は狙われるかも」

「銃っていくらくらいで買えるの？」

「安い銃なら一二〇ドル（約一万五〇〇〇円）くらいかな」
「貧しい若者が一二〇ドルも持っているものなのだろうか？」
「買うんじゃないよ。盗んでくるんだよ」
暴動のきっかけは「王」による演説だった。最大部族ズールー族の王が演説で移民を「シラミ」にたとえ、「犯罪率や失業率の高さは国外からの『流入者』が原因だ。南アから出ていけ」と扇動したため、これに感化された若者たちが移民の経営する商店を襲って商品を奪い、移民たちの住居に火をつけ始めたのだ。

怒りの底流には、この国の若者たちが抱える社会への圧倒的な不満がある。一般論で言えば、「貧しさ」は必ずしも不幸には直結しない。かつて日本がそうだったように、近所で暮らす人間が一様に同じ生活レベルであれば、人は貧しさをそれほど不幸だとは感じない。

この国の若者がそれを不幸だと感じてしまうのは、そこに「格差」があるからだ。一度は和解したはずの、白人と黒人の年収差は、約六倍とも約一三倍とも言われる。アパルトヘイト時代に貯め込んだ「豊かさ」の違いは歴然で、白人はいまでも大豪邸で暮らし、黒人は一部の富裕層を除いてトタン小屋で夜を明かす。前者はポルシェの四輪駆動車を操り、後者は裸足《はだし》で高速道路を横切ろうとする。

黒人の多くは満足な教育をいまも受けられず、たとえ教育を受けられたとしても、それに見合うだけの満足な仕事に就くことができない。統計上の失業率は二四％に過ぎないが、もともと働く気のない人を含めると、実質的には五〇％を超えるとも言われる。

そこに南アフリカ国外から豊かさを求めて不法移民が流れ込んで来る。移民たちは南アフリカの若者たちの半分の給料で働くため、若者たちは当然、「不法移民が職を奪っている。俺たちが貧しいのは奴らのせいだ」と誤解してしまう。超えられない格差や不条理。彼らはそれを暴力で乗り越えようとする。

南アフリカの一年間の殺人事件の発生件数は約一万九〇〇〇件。一日に約五〇人が殺されている計算だ。強盗事件は約二〇万件で、一日に約五五〇件。警察が満足に機能していないこの国では、それもあくまで「氷山の一角」に過ぎない。

嫌な懸念が常に私の頭の片隅にある。赴任から半年遅れて私の家族が南アフリカに移住したとき、日本人学校に通うことになった長女が学校で最初に受けた授業は、バスジャックに対処する訓練だった。

通学バスが襲撃されたとき、いかにして我が身を守るか。実際に襲撃者役の教職員が児童たちの乗っているバスを襲い、「絶対に抵抗しない」「顔を伏せたまま相手の顔を見ない」といった実用的な対処方法を教え込む。

「世界最悪の犯罪大国」で暮らすということは、つまりそういうことなのだ。

それはいくつもの民族がそれぞれの価値観を尊重して一つの国を築き上げる「虹の国」（レインボー・ネーション）の設立を謳《うた》った、初代大統領ネルソン・マンデラの明らかな

「誤算」に違いない。

ダーバンの中心部を抜けて郊外のバスターミナル脇の空き地に設置された臨時の避難施設に向かうと、約八〇〇〇人の移民たちが四つのテントに避難していた。

「夜中に突然、窓を割られて、銃を持った若者が自宅に乗り込んできたんだ」とモザンビーク出身の男は言った。「命までは取られなかったが、『ここはお前らの国じゃない』と腹を蹴られてテレビや鏡を盗まれたよ」

モザンビークやマラウイなどの近隣諸国は騒動を受けて自国民の救出に乗り出しており、脱出用の車両が到着するたびに、移民たちはバスの屋根の上やトラックの荷台に大量の家財道具を積み込んで座席に乗り込み、この国を脱出していく。

「南アにはもう戻ってこない？」と私はバスの窓越しに、乗り込んだ男たちに聞いた。

「いや、すぐに戻ってくるさ」と男は予想外に言った。

「モザンビークに比べれば、南アフリカはどう考えたって天国だ。ちゃんと働けば自国よりも一〇倍は稼げる。暴動もしばらくすれば収まるだろう。俺たちアフリカ南部で暮らす人間にとって、南アはいつまでも『夢の国』なんだ」

結合性双生児 ――ウガンダ

手術は約三時間で終了した。

ウガンダの医療チームはその日、四本の腕と四本の脚を持って生まれた乳児から、二本の腕と二本の脚を切除するという難手術を成功させた。

海外通信社のニュース配信を読んだ翌月、私はウガンダの首都カンパラの病院を訪ねた。乳児が退院した直後のことで、手術を担当した外科医の一人が取材に応じてくれた。

「ウガンダ東部の貧村で生まれたその乳児には出産時、下腹部に二本の腕と二本の脚がついていた。双子の一方の胎児の発達が止まり、もう一方の胎児と結合した『寄生性双生児』だ。消滅した胎児の頭部や心臓は消え去り、もう一つの胎児に結合した腕と脚だけが成長していた。胎児には心臓と肝臓が左右逆についていたんだ」

乳児が生まれると、貧村は「悪霊の呪いだ」と大騒ぎになった。すぐさま祈禱師が呼ばれて葬られそうになったが、看護師が慌てて救急車を呼び、カンパラの病院に搬送された。乳児の体重は当時五・八キロもあり、その巨大さがさらに村人を不気味がらせた。

編成された医療チームは乳児が長時間の手術に耐えられるよう、体重が一〇キロになるまで待ってから難手術に挑むことに決めた。手術は無事成功し、世界中から乳児と医療チームに称賛が送られた。

取材後、外科医が村に戻った乳児の両親に電話で連絡を取ってくれた。

帰り際、彼が背中越しに告げた。

「一つ、忠告しておこう。彼らの村はとても貧しい。米国のテレビ局は取材に二〇〇ドル払ったそうだ」

乳児の両親が暮らす小さな村は、病院から未舗装路を四輪駆動車で四時間ほど走ったところにあった。泥と藁《わら》を練り上げて作った質素な小屋には水も電気も床板すらもなく、鶏と子どもが泥だらけになって遊んでいる木の下で、母親が地べたに座って小さな男児を愛《いと》おしそうに抱いていた。

「お医者さんに助けてもらいました」

母親はそう言うと、乳児のオムツをめくって手術の痕を私に見せた。露《あら》わになった下腹部には残された二本の脚が不自然な方向についていた。彼が将来歩行できるようになるのかどうかについては、素人目にはわからなかった。

取材の約一時間は平穏無事に過ぎ去った。ところが両親にお礼を言い、四輪駆動車に乗り込もうとしたときになって、親類の一人が我々のもとに駆け寄り、「取材協力費をいただけませんか？」と強くせがんだ。取材助手が「日本のメディアでは謝礼をお支払いしていないのです」と事情を述べても、親類は「米国のテレビは二〇〇ドル払ってくれた、フランスのテレビは三〇〇ドルだった」と執拗《しつよう》に食い下がった。

私は仕方なく目をつぶり、助手は私のその仕種を確認してから、あらかじめカンパラの商店で買い込んでおいた二〇〇ドル分のビールと飲料水を荷台から降ろした。

カンパラの病院に戻って一連のやりとりを報告すると、外科医は当然だといったような表情で「それは良かった」と言い、「そんなことより、この映像を見てください」と旧式のノートパソコンを立ち上げた。

画面には、背中を合わせて座っているような双子の乳児の写真が映し出された。

「新たな結合性双生児です。昨夜遅く運び込まれてきました。私がこの病院に赴任して実にこれが七組目です。なぜこんなにウガンダで結合性双生児が多く産まれるのか……」

直接お見せしましょう、と医師は突然立ち上がり、病棟に向かって歩き始めた。私がカメラを持って追いかけると、「カメラはバッグにしまっておいてください。周囲や親族を刺激するといけませんから」と厳しい口調で注意した。

病室はまるで、写真で見た戦前の野戦病院のようだった。三〇畳ほどの仕切りのない部屋に数十のベッドが乱雑に並べられており、その奥に一室だけカーテンで仕切られた三畳ほどの個室があった。

外科医がカーテンを開くと、先ほど画面に映し出されていた結合性双生児の乳児が布団をかぶせられて睡眠していた。外科医はいささか乱暴に布団をはぎ取ると、私に向かって強い口調で言った。

「どうぞ、写真を撮ってください。早く！」

私は急《せ》かされるようにしてバッグからカメラを取り出すと、言われるままに二回ほど結合性双生児に向けてシャッターを切った。双子のそばに佇《たたず》んでいた母親と親類らしき二人の女性がおびえたような瞳で私の行為を凝視していた。

私が頭を下げて個室を出ると、外科医は中の親類とわずかに会話し、少し遅れて個室から出てきた。

「さあ、行きましょう」

外科医は困惑したそぶりを少しも見せずにそう言うと、大股で廊下を歩きながら、「たぶん助からないでしょう」と背中越しに言った。

「助からない？」

「ええ、たぶん無理でしょう」と外科医は言った。「先日報道された結合性双生児を除けば、私が手がけた七組のうち、今も生存しているのは一組だけです。彼らは幸運にもそれぞれ独立した臓器や骨を持っていた。私の腕が悪いわけではありません。ここでは治療設備が整っていないのです。可哀想《かわいそう》な乳児を救うためには、やはりお金が必要です」

外科医は急に立ち止まり、私を振り返って言った。

「どうです、私と組みませんか？　私はこの分野で世界的な権威になれると思います。あなたは記事がたくさん書けますよ。私はそれらの報告をもとに研究費を集める。どうです？悪くない話です」

私には彼がそれを冗談で言っているのか本気で言っているのか、判別がつかなかった。

しばらく間を置いてから、彼は寂しそうな表情で続けた。

「アフリカでは欧米とは違い、育つ見込みのない子は治療しません。お金もかかるし、親も子も不幸なだけだ……」

足音がして振り向くと、病室で双子の側にいた親類らしき女性がこちらに向かって駆け寄ってきていた。

「外国の新聞社の方ですよね？」と彼女は私に英語で聞いた。「さっき、写真を撮りましたよね。それは結構です。でも、どうか取材協力費をいただけませんか？」

外科医のほうに視線を向けると、彼はすましたような表情で「どうぞ、お好きに」と私に言った。

私は七秒間考えた後、背負っていたバッグからカメラを取り出し、その親類らしき女性と外科医の目の前で撮影した二枚の双子のデータ画像を削除した。

退院したばかりの乳児と家族

白人だけの町 ——南アフリカ

「俺は嫌だよ。レイシスト（人種差別主義者）だけが暮らす町なんて、まっぴらごめんだよ」

私が取材の趣旨を説明すると、ヨハネスブルク支局で働く黒人助手のフレディは露骨に取材出張への同行を嫌がった。好奇心旺盛な彼にしては珍しく、頑《かたく》なな態度だった。

今回の訪問先は、南アフリカの中部にある「オラニア」——南アフリカでは有名な、白人だけが暮らす町である。

「なんでそんな所に行かなきゃいけないんだよ」とフレディは顔をしかめながら不満を述べた。「世界で最も『チーズくさい』（白人を揶揄《やゆ》する際に黒人の間で使われる表現）町だぜ」

取材のきっかけは、日本のある全国紙に掲載された一編のコラムだった。筆者は作家の曽野綾子で、記事には「『適度な距離』保ち受け入れを」という見出しが添えられていた。

もう20〜30年も前に南アフリカ共和国の実情を知って以来、私は、居住区だけは、白人、アジア人、黒人というふうに分けて住む方がいい、と思うようになった。

南アのヨハネスブルクに一軒のマンションがあった。以前それは白人だけが住んでいた集合住宅だったが、人種差別の廃止以来、黒人も住むようになった。ところがこの共同生活は間もなく破綻した。

黒人は基本的に大家族主義だ。だから彼らは買ったマンションに、どんどん一族を呼び寄せた。白人やアジア人なら常識として夫婦と子供2人くらいが住むはずの1区画に、20〜30人が住みだしたのである。

住人がベッドではなく、床に寝てもそれは自由である。しかしマンションの水は、1戸あたり常識的な人数の使う水量しか確保されていない。

間もなくそのマンションはいつでも水栓から水のでない建物になった。それと同時に白人は逃げ出し、住み続けているのは黒人だけになった。

爾来《じらい》、私は言っている。

「人間は事業も研究も運動も何もかも一緒にやれる。しかし居住だけは別にした方がいい」

（二〇一五年二月一一日、産経新聞）

かつて南アフリカが国策として実施していたアパルトヘイト（人種隔離政策）に追従するような論調に、国内外から抗議が噴出していた。英ロイター通信は曽野が教育再生実行会議に加わるなど安倍晋三の「ブレーン」だったことを挙げ、「政府のブレーン、アパルトヘイトを賛美し、首相に恥をかかせる」と報じ、産経新聞は南アフリカの駐日大使からの抗議を受けて釈明のコメントまで出していた。

私が驚いたのは、コラムの筆者が他でもない、曽野だったことである。彼女はアフリカ・マダガスカルに派遣された日本人修道女の姿を描いた『時の止まった赤ん坊』(新潮文庫)を著すなど、日本の文壇では数少ない、アフリカをよく知る作家の一人として知られていた。

そんな彼女がなぜ、このようなコラムを綴《つづ》ったのか——。

私は自分の考えを整理する前に、実際に黒人を事実上排除し、白人だけで暮らしているオラニアの人々の言い分を聞いてみたいと思ったのである。

その小さな「町」は南アフリカ中部の北ケープ州にあった。ダイヤモンドの産出で有名なキンバリーから半砂漠地帯を四輪駆動車で一時間半ほど走ると、突然、町の標識が読めなくなった。南アフリカで暮らすオランダ系白人アフリカーナーが作り上げたオラニアでは、店の看板もスーパーの商品も、すべてが彼らの「公用語」アフリカーンスで記されている。

「ようこそ、オラニアへ」

町の入り口にあるショッピングセンターに車を停めると、事前に町の案内を頼んでいた白人青年が私たちの到着を待っていた。私と黒人のフレディを交互に見比べ、にこやかに私だけの手を握り、挨拶をする。

「外国メディアの取材は年に十数件あります。色々質問を受けますが、私たちは実践している暮らしをそのままお伝えするだけなので、何ら葛藤は覚えていません。もちろん、アフリカ大陸のよその国からも『黒人』のリポーターが来ますが、まあ、やはり欧州から取材に来る『白人』のリポーターのほうが圧倒的に多いですね」

白人青年は南アフリカであればどこにでもいそうなさわやかな好青年だったが、返答の中であえて「黒人」という言葉を強調したあたりで、取材助手のフレディはもううんざりといった表情だった。

町中には小さな博物館があり、私とフレディは館内で放映されているプロモーションビデオを見ながら、白人青年からオラニアの「素晴らしさ」についてのレクチャーを受けた。

彼の説明をそのまま記すと、オラニアは一九九一年、アパルトヘイトが廃止され、黒人政権が誕生するのを前に、「国家が奪われる」と危機感を深めたオランダ系白人を中心に、わずか五〇〇ヘクタールの宅地と二五〇〇ヘクタールの農地を確保するところから始まった。「平和に暮らしたい」という住民の「純粋な想い」から毎年一〇%ずつ住民が増え続けており、現在の人口は約一〇〇〇人。約八〇〇〇ヘクタールに膨れ上がった町内には広大な農場はもちろん、自前の役場や学校のほか小さな空港も設置されているという。

「オラニアのすごいところは、独自の『通貨』と『国旗』を持っていることです」と白人青年は誇らしげに言った。「国家として独立してはいないけれど、ここでは国家と変わらない生活が営めるのです」

「白人と黒人が分かれて住むことのメリットはなんですか？」と私は端的に尋ねてみた。

「最大の利点は治安です」と白人青年は言った。「南アフリカ国内では年に約一万九〇〇〇件の殺人事件が起きていますが、この町では殺人事件はおろか、事件らしい事件がほとんど起きないのです」

白人青年が言うように、確かに敷地内には美しい町並みが広がっていた。麦畑の横には乗馬のコースがあり、金髪の少女が父親から馬の乗り方を真剣な目つきで教わっている。

「町」は、表向きには人種差別に反対しているらしかった。しかし、博物館を出て案内された町の中心部を見下ろす小高い丘に上ると、そこには「アパルトヘイトの建設者」と称される白人の元首相ヘンドリック・フルウールトの銅像が建てられていた。現在も黒人やアジア人の居住者はゼロ。町は「拒まない」というが、移住には審査があるという。

「僕らはアパルトヘイトを肯定するつもりなんてないんです」と白人青年は丘の上の銅像の前で言った。「僕たちが訴えていることは『分かれて暮らす』ことなんです。黒人も白人も一緒に暮らすから争い事が起きる。私たちはそう思っています」

「一緒に暮らすから揉《も》め事が起きるだと？」

オラニアでの取材中、ずっと不機嫌そうだったフレディが突然、声を荒らげてかみついた。

「舐《な》めたこと言ってんじゃねえよ、このチーズ野郎！　そもそもここは誰の土地なんだ？もともと俺たちアフリカ人の土地だろうが。そこにお前らの祖先が侵略してきて、土地を奪い、アフリカ人を奴隷にしたんだ。お前、頭、大丈夫か？　一緒に暮らしてやっているのは、俺たちアフリカ人のほうなんだぜ！」

それまで雄弁だった白人青年は次の瞬間、うんざりした表情で頭を振った。

「おわかりでしょう」と私に向かって問いかけた。「どれだけ対話を重ねても、お互いの主張はかみ合わない。だから離れて暮らすべきなんです。それこそがお互いにとって最良な生き方なんですよ」

「南アフリカに来る前から薄々わかっていたことだけれどさ」

私はオラニアからの帰りの車の助手席で、怒り心頭のフレディに語りかけた。

「この国で民族融和が進んでいるなんていうのは、どう見ても誰かが作った『神話』だね。別にオラニアを取材したからそう思うのではなく、ヨハネスブルクで暮らしていても常にそう感じる。ショッピングセンターでもレストランでも、白人は白人同士、黒人は黒人同士、それぞれが分かれて買い物や食事をしているケースがほとんどだ。職場や会合ではお互いが混じり合っているけれど、プライベートなシーンではあまり見かけない。初代大統領のネルソン・マンデラはこの国を多民族が混じり合って作る『虹の国』にたとえて褒め称えたけれど、あれはやっぱり理想に過ぎなかったのだろうか?」

「いや、蜂(私の呼び名)。それは間違った考え方だよ」

理想主義者のフレディはハンドルを握りながら、強い口調で私の意見を否定した。

「失敗なんかしていない。俺たちはまだ発展途上なんだよ。あの『町』で暮らしている白人たちは完全にイカレているけど、南アフリカ全体でみれば、あくまでもほんの一部に過ぎない。白人たちは確かにいまは経済的には豊かだけれど、それがこの先何十年も続くことなんてあり得ない。政治の大部分を黒人に握られているからね。だからああやって小さな『町』に逃げこもうとする……」

予想外の回答に私が沈黙していると、フレディは一呼吸置いて「演説」を続けた。

「確かに俺は白人が嫌いだよ。でも一方で、この国をアフリカで最も豊かな国にしたのも、白人なんだよ。それは誰もが認めている。俺たち黒人はその白人たちの力を借りながら、将来、この国を米国や日本に負けないような国家に成長させていかなきゃならない。幸い、南アフリカには豊富な地下資源がある。だからこそ、多数派の黒人と少数派の白人が手を取り合って、いまこの国で生きてるんだよ」

なるほどね、と私は感心しながら彼の話を聞いていた。

レソト出身のフレディは、ヨハネスブルクにある国内最大の旧黒人居住区ソウェトで幼少期を過ごした。居住区内にある高校のフェンスにはいまも、アパルトヘイト撤廃のきっかけとなった「ソウェト蜂起」の絵が掲げられている。一九七六年六月、白人政府が白人の言葉だったアフリカーンス語を黒人の学校にも強制しようとしたところ、同高の生徒らが反発。デモ行進する生徒らに警察官らが発砲し、六〇〇人近くが犠牲になっていた。

「俺たち黒人はさ、居住の自由を勝ち取るために、命懸けで戦ってきたんだよ。アパルトヘイトの撤廃を訴えて逮捕されたマンデラは一八年間もケープタウン沖のロベン島の牢獄にぶち込まれた。たとえ肌の色や生活習慣が違っても、俺たちはみんな同じ人間なんだ。それを誰かが都合のいいように区別したり、差別したりしちゃいけない。そんな簡単なことをわかってもらうのに、俺たちは何十年もかかったんだ。黒人と白人が同じ国でどうやって幸せに生きていくのか。俺たちはそれを最初に学校で習うんだよ。日本人の作家はさ、もしかするとその歴史を知らないいんじゃないか?」

「いや、知っていると思う」と私は言った。「知っていて発言しているからこそ、その理由が知りたかったんだ」

フレディがアクセルを踏み込むと、車はサバンナに敷かれたアスファルトの一本道を加速した。彼はまっすぐに前を見据えたまま、助手席に座る私に言った。

「そんなくだらない理由で、俺をあんなレイシストの町に連れ出すなよ。なあ、蜂、逆に質問していいか? 先進国の日本じゃ一体、学校で子どもたちに何を教えているんだい?」

エボラ　――リベリア

赤道に近いリベリアの、高温多湿の狭い着替え用テントの中で、二人の医療従事者がもう十数分もビニール製の防護服と格闘していた。念入りに手や首回りを消毒し、使い捨ての下着を身につけ、ヘアキャップをかぶる。その上から薄手の防護服を纏い、袖口や足首の隙間からウイルスが侵入しないよう、何重にもテープでふさぐ。長靴を履き、特殊なゴーグルを装着する。準備を完了するまでに約二〇分。黒い肌には玉のような汗が浮かび、下着はもう汗でぐっしょりと湿って防護服に張りついている。

二〇一五年五月、「エボラ出血熱」の終息宣言が出された直後の西アフリカのリベリアに入った。世界保健機関（WHO）によると、これまでの死者数は疑いを含めて約四八〇〇人（感染者は約一万人）。流行国のうちで最も多くの死者を出したリベリアだったが、WHOは終息の目安としている四二日間、新たな感染者が確認されなかったと報告していた。

もちろん、そんな当局発表を医療従事者たちはほとんど信用していなかった。アフリカで当局発表ほど信頼できないものはない。

その証拠に、首都モンロビアの医療施設では、エボラ出血熱の治療用テントも消毒薬も撤去していない。医療従事者たちは再感染を恐れて従来通りの「診察」を続けている。

医療施設の事務局長がうんざりしたような表情で言う。

「さあ、仕事だ。今日の感染疑いは何人だ？」

二〇一三年一二月、西アフリカのギニアで発生したエボラ出血熱は、すぐさま隣国に拡大し、西アフリカで大流行した。患者の体液に触れた際、傷口や粘膜などからウイルスが入って広がるその感染症は当時、ワクチンや治療法が確立されておらず、致死率は七割以上とも言われていた。その致死率の高さに加え、発出する症状が身体の各部位からの出血を伴うグロテスクなものであったため、欧州や米国での感染も報じられると、世界はパニックに陥った。

リベリア政府は感染の拡大を防ぐため、二〇一四年七月に国境を封鎖。翌八月には非常事態宣言や夜間外出禁止令を出して抑え込みを図ったが、事態は思うようには改善しなかった。最貧国のリベリアは感染拡大前から医療態勢が極めて貧弱で、人口一〇万人に対し医師が一人か二人しかいない。当然、満足な医療用の装備も現場には与えられなかった。

保健従事者協会の事務局長、ジョージ・ウィリアムズは苦渋の表情で取材に答えた。

「当初は約八割の医療従事者がマスクや手袋なしで治療にあたった。商店のポリ袋を手袋代わりにして手術に臨んだ医師や看護師がたくさんいたんだ。感染した医療従事者が次々と入院し、感染患者の治療にあたる特別手当などが支払われずに多くの医療従事者が病院を去ったことで、感染拡大を阻止できなくなってしまった……」

すでに閉鎖されているエボラ出血熱の治療施設を訪ねると、サッカー場ほどの敷地にベニヤ板を貼り合わせただけの簡易な小屋が並び、無造作に医療器具などが投げ捨てられていた。施設に収容された患者は約三五〇〇人。そのうち約一五〇〇人が亡くなったという。

施設で患者の診察にあたった医師のジェリー・ブラウンは疲れ果てていた。

「ここに連れてこられてくることは半分、『死』を意味していた。実際、私が診察した約五〇〇人の患者のうち約半数が死亡した。我々医師や看護師も常に感染の危険性におびえながら、勇気を奮い立たせて患者と向き合ったが、今はもう心身ともにボロボロだ」

多くの医療従事者も感染し、その後も後遺症に苦しんでいる。救急搬送を担当したフォーディ・ガラハもその一人だ。二〇一四年八月、駆けつけた民家で四歳の男児を抱き上げたとき、防護服の上に激しく嘔吐された。

「その後、防護服をしっかりと着られていなかったことに気づいてね。青ざめたよ。二日後、激しい頭痛と出血などの症状が出て、隔離施設へと送られた。死を覚悟しながら何度も神に祈ったよ。二週間後、奇跡的に快復することができて、なんとか今は職場復帰をしているが、『一度感染した人は、再び感染を広げるのではないか』と見られていて、本当に悲しいよ」

首都モンロビアで開催された、エボラ出血熱の終息宣言を祝う政府主催の報告集会に出席すると、取材に来ていた共同通信のアフリカ特派員と一緒になった。

狭い体育館のような会場には数千人の市民が押しかけ、壇上の政府要人が「リベリアはエボラに打ち勝った」「ここにいるすべての人がヒーローだ」と称賛するたびに大きな拍手がわき起こり、唾液混じりの歓声が飛ぶ。

念のため、お互いの顔写真を撮っておこうかね――どちらからともなくそう言い出し、日本人の記者同士で顔写真を撮影し合った。今後、紛争や事故に巻き込まれて死亡したときにはもちろん、万が一、リベリアでエボラの感染が終息しておらず、感染してしまっていたときには、記事に添えるための顔写真が必要になるかもしれない。

「大丈夫だと思うけれどもね」。軽い冗談のつもりで言ったが、目は笑っていなかった。

「ま、アフリカでは何が起こるかわからないしな……」

嫌な予感は約一カ月半後に的中する。

終息宣言が出されたはずのリベリアで再びエボラの感染が確認され、一七歳の少年が死亡したのだ。同じ村に住む二人が陽性と判断された。

ロイター通信は「当局は動物が感染源となったかどうかを調べている。(中略) 付近の住民によると、この3人は死んだ犬を掘り起こし、その肉を食べたという」と報じていた。

「ヒーロー」が駆け抜けた風景　――南アフリカ

裁判長から殺人罪への無罪判決を言い渡された瞬間、目の前に座った両足義足の「ヒーロー」は拳を固く握りしめ、ブルブルと両肩をふるわせて泣いたように見えた。

二〇一四年九月、南アフリカの首都プレトリアの高等裁判所で、殺人罪に問われた義足の短距離走者オスカー・ピストリウスに対する判決公判を傍聴した。恋人でモデルのリーバ・スティーンカンプ（当時二九歳）を自宅の浴室で撃ち殺したという容疑に対し、裁判長は殺人罪の適用を見送り、過失致死罪を適用する判断を下した。世論的にはとても受け入れられそうもない、波乱含みの判決だった。

私が初めてピストリウスを知ったのは二〇一二年八月、ロンドン五輪の生中継だった。カーボン繊維製のJ字形の義足を装着し、フィールドを飛ぶように走る「ブレードランナー」。逆風を追い風に変えながら、新しい地平を切り拓こうとする青年の姿に世界中が熱狂し、私も彼の著作『オスカー・ピストリウス自伝　義足こそが僕の足』（白水社）を夢中になって読んだ。

著作で語られる彼の人生は、目の前に次々と現れる「ハードル（障害）」との闘いだった。一九八六年、両足ともにひざから足首までの外側をつなぐ腓骨《ひこつ》がない子として生まれた彼は、生後一一カ月で脛《すね》から下を切断し、わずか一歳で義足をつけて歩き始める。

母親は健常者である長男と分け隔てなく接することで、ピストリウスに「障害を障害と思わせない」よう育てた。

母親は兄弟に向かってこう命じた。

「カール（兄）、靴を履きなさい。オスカー、義足をつけなさい」

そんな母親の影響が大きかったのだろう、ピストリウス自身もロンドン五輪に出場した二〇一二年、メディアの前で「僕は障害があると思ったことはありません」と自らの幼少期を振り返っている。

義足の少年はその後も「ザ・ロング・アンド・ワインディング・ロード」（長く曲がりくねった道）を歩き続けた。七歳のときに両親が離婚。彼は母の庇護のもと、ラグビーや水球、テニスなどを愛するスポーツ少年に育ったが、一五歳のとき、その最愛の母が他界してしまう。

彼の人生を変えたのは、ある「アクシデント」だった。一六歳のとき、ラグビーで左ひざが故障したのをきっかけに二〇〇四年に陸上競技へと転向すると、短距離走のトレーニングを始めてからわずか八カ月後のアテネ・パラリンピック（陸上男子二〇〇メートル）に出場して金メダルを獲得したのだ。

思わぬ快挙は、彼に新たな「夢」を与えた。

障害者が競うパラリンピックではなく、オリンピックに出場したい——。

二〇〇七年、南アフリカ選手権に出場し、陸上男子四〇〇メートルで二位という成果を収めた彼は、同年の国際陸連ゴールデンリーグ・ローマ大会では北京五輪の参加標準記録にあと〇秒九五と迫る好タイムをたたき出し、「夢」へと大きく前進していく。

しかしそこでもまた、彼の前に予期せぬ「ハードル」が立ちはだかる。国際陸連は「競技力向上のための人工装置の使用を禁止する」という規則に彼の義足が抵触するとして、ピストリウスの五輪への出場を禁止してしまうのだ。

彼は国際陸連の決定にうちひしがれながらも、それを不服としてスポーツ仲裁裁判所に提訴した。裁判所の判断は「義足で受ける利益は十分に証明できない」。彼は自らの力で、五輪出場への道を切り拓いたのだ。

二〇一二年、ロンドン五輪の陸上男子四〇〇メートル。

五輪史上初めて八万人の大観衆の前に立った義足のランナーは予選を二位で見事通過し、準決勝に進むという好成績を残した。障害を克服して風のように走る「ブレードランナー」の登場に、世界中から惜しみない拍手が送られた。

でもその陰で、彼の人生はどこかで歯車が狂い始めていた。

直後に開催されたロンドン・パラリンピックの陸上男子二〇〇メートル。彼はスタート直後からずっと一位をキープしながらも、残り二〇メートルでブラジルの選手に追い抜かれ、一〇〇分の七秒差で金メダルを逃してしまう。

競技の終了後、彼は報道陣にこう言い放った。

「あいつの義足は長すぎる」

優勝したブラジルの選手は足の残存部分がピストリウスよりも短かったため、彼より長い義足の使用が許可されていた。彼はそれを承知で、健常者たちから常に指摘されてきた「義足は健常者の足より有利なのではないか」という「疑念」を持ち出し、競技の「公平性」に激しく疑義を呈したのだ。

彼は帰国後、南アフリカの国民に「逆境を乗り越えた英雄」として熱狂的に迎えられる一方で、徐々に人生の軸を失い、次第に輝きを失っていく。

彼の内面に一体何が起きたのか――。様々な報道がなされているが、真実は誰にもわからない。周囲に対して傍若無人になり、ささいなことで怒り始める。「まるでモンスターのようになってしまった」と多くの親友が当時の彼を振り返っている。

事件が起きた二〇一三年二月一四日はバレンタインデーで、恋人のリーバはその日、南アフリカの高校でレイプ撲滅運動のスピーチをする予定になっていた。未明の発砲後、現場に駆けつけた警察官は米誌「Vanity Fair」上で次のように詳述している。

「玄関を入るとリーバの遺体があった。腕と耳の上、腰の計三カ所を撃たれていた。大理石の階段を上ると寝室と続きになった浴室があり、ドアはクリケット用のバットでたたき壊されていた。血まみれのバットが床に転がっており、近くに二つの携帯電話と九ミリ弾の拳銃が置かれていた」

逮捕されたピストリウスは警察の調べに対し、次のように釈明した。

「強盗と間違えて撃った。彼女を殺すつもりはなかった」

現場の状況を見る限り、それらの言い分がどう考えても受け入れられないものであることを、当然彼も知っていながら。

閉廷の瞬間、硬い木製の被告人席に座った彼は「ウッ」と短いうめき声のようなものを漏らしただけで、一度も傍聴席を振り返らなかった。

彼のふるえる肩を背後で見ながら、私は胸が締めつけられるような痛みを感じ、彼の二七年間の人生は果たして幸せだったのだろうか、と心の中で自問した。

同時にこうも思った。彼の人生はこれで終わったのだろうか、それとも罪を償い、真の自分に向き合うという、新たな人生が始まったのだろうか、と。

高等裁判所に入廷するオスカー・ピストリウス

第三章

神々の大地

悲しみの森

——マダガスカル

サン＝テグジュペリが著した『星の王子さま』が好きだった。

その中に登場する不思議な大樹バオバブが消滅の危機にあると聞き、アフリカ南東部沖に浮かぶ島国マダガスカルを訪れた。


絵はがきで有名な観光名所「バオバブの並木道」に向かうには、わりと時間が必要だった。首都アンタナナリボから南西部の町ムルンダバまで、ランドクルーザーで約一三時間。

途中、山道を走行していると、尾根の向こう側から幾筋もの白い煙が上がっているのが見えた。運転手に車を停めてもらい、ガイドと一緒に五分ほど森の中を歩いていくと、突然、目の前に見渡す限りの焦土が広がった。

森が焼き払われ、周囲には白煙と焼け焦げたような臭いが充満している。さらに歩くと、まだ至る所で火がくすぶっていた。

マダガスカルで続く焼き畑の現場だ。

約二五万種の野生動植物が生息し、世界自然保護基金（ＷＷＦ）が野生動植物の「宝庫」と認めるこの島ではいま、森林破壊が止まらない。

原因は人口の急激な増加と焼き畑だ。世界銀行などの統計によると、一九八〇年に約九〇〇万人だったマダガスカルの人口は、二〇一三年には約三倍の二三六〇万人に膨れ上がった。国民の約八割が農民だ。彼らは森を焼き払って水田や畑を作り、主食の米などを栽培している。多くの人がいまでも煮炊きに薪《まき》や炭を使う。ＷＷＦなどの調査では年間約二〇万ヘクタールもの森が失われており、すでに自然林の約八割が消失してしまった。このままのペースで破壊が進むと、四〇年以内に島から森が消えてしまうという。

樹木を失った山々では必然的に雨を地中にためておくのが難しくなる。降雨のたびに大量の土砂が山から川に流れ出し、海では珊瑚《さんご》などが死滅し、地上では泥が用水路や水田を埋めるようになった。後日、ムルンダバの上空をプロペラ機で飛ぶと、土砂を含んで流れる川は赤茶けて、まるで大地から出血しているようだった。

もちろん、その影響は植物だけに留まらない。森が消えれば、そこで暮らす希少な動物たちも生きていくことができない。

この島では一九九九年から二〇一〇年にかけて六一五種もの新種の野生生物が発見された。霊長類で世界最小の三〇グラムしかないキツネザル。普段は体色を樹皮の色に似せているが、求愛時期には鮮やかな明るい青色に変えるヤモリ。生涯に一度だけ花を咲かせ、実をつけた後には枯れてしまうヤシの一種。その多くがいまや絶滅の危機にある。

ムルンダバの近郊にある「キリンディ森林保護区」に立ち寄ると、公認ガイドのナム・ビンがうなだれながら言った。

「自然は絶妙なバランスの上に成立している。森がここまで傷つけられてしまえば、そう遠くない未来に、貴重な動植物たちもここから消えていくだろう」


人間たちはどうか?

ムルンダバから未舗装の道を四時間かけてキブィ村に向かうと、山奥の集会場では村人とマダガスカル政府の焼き畑対策チームの役人たちが向き合っていた。

政府は森林利用のすべてを禁止するのではなく、保全用や燃料用、農地転換用に森を区分して管理する方針を打ち出している。

その方針に村人たちは納得できない。

「焼き畑ができずに収穫量が減ったら、誰が補償してくれるのか!」

「森から薪を取り尽くしたら、何を煮炊きに使うのか!」

村長のウィリアム・デルフィンは私の取材に憤った。

「我々はずっと薪を使って料理をし、焼き畑をして生活してきたんだ。森を焼くなと急に言われても、生活を変えるのは難しいだろ!」

いくつもの現実を垣間見《かいまみ》た末にたどり着いた「バオバブの並木道」は、かつて少年期に抱いた憧れとは違う、どこか悲しげな姿に映った。

高さ約二〇メートル、幹の直径が一〇メートル以上もあるバオバブの巨木が立ち並ぶその周囲には、なぜか森が存在しない。

「昔は森があったのです」と周辺の保護区を管理する自然保護団体「ファナンビー」のランドリア・リニアは言った。「でも、いつのまにかそれらは消えてしまった」

「森が消えた……?」

私は赤土の大地を照らす夕日に目を細めながらランドリアに聞いた。

「バオバブの種は硬くて、それ自体では発芽しにくいのです。サルなどの野生動物が鋭い歯で砕き、消化してフンとして出して初めて発芽しやすくなる。近くに動物がいないと、バオバブは子孫を残せないのです」

二〇〇九年以降、敷地内に一四五〇本の若木を植えたが、たとえ成木になったとしても、かつてのような森を作るのは難しいという。

悲しそうな表情でランドリアは言った。

「やがて、この雄大な景色も姿を変えていくでしょう」

『星の王子さま』の中で王子さまは言う。

砂漠が美しいのは、どこかに井戸をかくしているからだよ……

（『星の王子さま』内藤濯訳、岩波文庫）

その豊饒《ほうじよう》な井戸を、我々はいま失いつつあるのかもしれない。

観光名所となっている「バオバブの並木道」

養殖ライオンの夢 ――南アフリカ

絶滅の危機にあり、百獣の王とも呼ばれるライオン。

その野生動物の象徴とも言える生命を人工的に「養殖」し、スポーツハンティングの獲物として使用することの是非が、南アフリカ国内で大きく議論されている。「娯楽のために動物の命を奪うな」と動物保護団体が批判する一方で、業者側は「ハンティングはアフリカの文化だ」と訴えて一歩も譲らない。

きっかけは、隣国ジンバブエの国立公園で起きたある事件だった。国立公園には、黒く豊かなたてがみを持ち、観光客に絶大な人気を誇る「セシル」という名の雄のライオンがいた。その人気ライオンが二〇一五年七月、米国人の歯科医の手によって惨殺されたのだ。

CNNによると、歯科医らはセシルを保護区外へと誘い出し、まず矢で仕留めようとした。セシルはかろうじてその場を逃れ、なんとか生き延びたとみられているが、翌朝、再び歯科医に居場所を発見され、殺害後、頭部を切断されていた。

「事件」は国際世論を激しく揺さぶった。批判を浴びた米国人の歯科医は「私はハンティングのために五万ドル（約六〇〇〇万円）を支払っており、合法だった」と主張したが、同時期に南アフリカのジャーナリストがドキュメンタリー映像『ブラッド・ライオンズ』を公開し、狭い檻《おり》で多数のライオンが飼育され、事前にネットで選んでからハンティングされる仕組みの残虐性を訴えたため、事態はハンティングと「養殖ライオン」の是非をめぐる論争へと発展した。

百獣の王と呼ばれたライオンはいまや絶滅の危機にある。世界自然保護基金（ＷＷＦ）によると、アフリカ大陸に生息する野生ライオンは約三万頭から三万五〇〇〇頭。過去二〇年間で約三割も減ってしまった。

一方、国際動物福祉基金（ＩＦＡＷ）によると、南ア国内では約六〇〇〇頭から八〇〇〇頭のライオンが二〇〇以上の施設で飼育されている（これらに野生ライオンはカウントされていない）。南アでは世界中から狩猟愛好者を招いて「野生動物」のハンティングツアーが頻繁に開催されており、国立公園内でのハンティングこそ禁じられているものの、白人がアパルトヘイトの時代に占有した広大な私有地内であれば、営利目的のハンティングが許容されているのである。

世界中から訪れる富裕層たちは広大な私有地内に設置されている高級ロッジに宿泊しながら、専用のガイドを雇って銃やボーガンで野生動物のハンティングを楽しむ。南ア国内のハンティング市場は年間数百億円規模に膨れ上がっており、ハンティング業者らで作るプレデター協会（SAPA）は「雇用を増やし、多額の利益を国や地域に還元している。貴重な地場産業として考えるべきだ」とのコメントを発表し、養殖ライオンの飼育に理解を求めていた。

実際はどうなのか？

ヨハネスブルク支局に勤務する取材助手のフレディに数カ月間かけて取材先をリサーチしてもらうと、特に米国の狩猟愛好家から絶大な人気を誇る、あるハンティング業者から「取材に応じてもいい」との回答が来た。

業者が拠点を構える南ア北部のベラベラ近郊に赴くと、敷地面積約六〇〇〇ヘクタールにも及ぶ広大な私有地が広がっていた。その一角に、電気柵で囲まれた約二二〇頭のハンティング用ライオンを飼育できる巨大な檻が設置されていた。

案内してくれた黒人の従業員によると、生まれた子ライオンは生後四カ月で親から引き離され、その後、交尾して新たな子どもを産むよう繁殖用の檻へと移される。歳をとり、繁殖に向かなくなったライオンから順次、ハンティングの標的としてサバンナへと「出荷」されるのだという。シマウマやキリンなどの草食動物であれば、すでに私有地内に放し飼いにされているのでいつでも撃つことができるが、ライオンやヒョウなどの肉食動物は他の草食動物を食べてしまう可能性があるため、愛好者からインターネットで狩りの注文を受けた後に、飼育用の檻から小さな移送用のカゴへと移し替えて輸送し、愛好者らが到着する直前に私有地内のサバンナへと放たれる。

業者のパンフレットには、仕留める動物ごとに料金が明記されていた。シマウマは約一三万円、キリンは約四〇万円。ライオンはメスで約八〇万円、オスは最も高価で約二〇〇万円から約五五〇万円。

「昔は牧場を経営していたが、二〇年ほど前にハンティング用に変えたんだ。うちには電気柵で囲った私有地にキリンやシマウマ、カバやワニなど約四万頭がいる」

私有地にある豪華なロッジで白人オーナーが誇らしげに取材に応じた。

「三年前にライオンを加えたら、客の数が倍以上に増えたよ。いまでは年約一五〇人のハンターたちが訪れる。うち六割が米国から、三割が欧州から、残り一割が中国からだ」

「ハンティングに関しては世界的に色々と批判も出ています」と私はあえて控えめにオーナーに尋ねた。「それらの批判について、オーナーはどのようにお考えになりますか?」

「馬鹿げた質問だな」とオーナーは私の質問に一瞬、怪訝《けげん》な表情を浮かべた。

「ハンティングはアフリカ固有の文化だろ。それを批判するのはみんな、アフリカを知らないヤワな奴らばかりだよ。日本人だろうが、中国人だろうが、牛や鶏を殺して食べている。なぜライオンの飼育だけを批判するんだ? 牛や鶏がどんなところで育てられているのか、知っているか? 狭苦しい牛舎や鶏舎に閉じ込められたまま、奴らは一生を終えるんだ。その点、ライオンは最後には野に放たれる。百獣の王として輝かしい本能を取り戻すんだ」

私が質問を控えていると、白人オーナーは面倒くさそうに両手を広げた。

「そういう取材ならお断りだな。考えてもみろよ。ハンティングがなくなって、一番困るのは誰だと思う?」

オーナーは自らの事業の正当性を微塵《みじん》も疑ってはいないようだった。

「一番困るのは当のライオンたちだよ。数を減らしているアフリカゾウと同じように、野生のライオンたちも密猟されて、絶滅の危機にさらされるだけだ。ハンティングに反対しているひ弱な人間たちは、現実を直視しようとしない、所詮、お気楽な都会の連中なのさ」

我々の質問に不快感を覚えたらしいオーナーはそこで取材の終了を宣言し、私とフレディは予定していた米国人客らのハンティングツアーへの同行取材を断られたあげく、黒人従業員が運転する、普段はサファリカーとして使われている四輪駆動のレンジローバーに乗せられて入り口付近の駐車場まで送り返されることになった。

私とフレディを乗せたレンジローバーは途中、広大な敷地を走り回るシマウマの群れや高い枝の葉を食《は》むキリンの親子の足元を抜けた。

「ちょっとしたサービスだよ」

我々の取材が拒否されたことを知って気の毒がっていた黒人ドライバーが、気を利かせてくれたようだった。

「実を言うとさ、俺だって、こんなところで働くことに疑問を感じているんだ。黒人の従業員は、みんなそうさ」

幌《ほろ》を開けたサファリカーの中からは、いびつに歪んだ「大自然」が見えた。躍動する、人間によって造られた「野生動物」たちの間を抜けながら、黒人ドライバーが教えてくれた。

養殖されたライオンたちは、普段は檻の中で人間から与えられた死んだ鶏を食べているので、野に放たれても狩りの仕方がわからない。数日間、腹を空かせてサバンナを彷徨《さまよ》ったところに、ハンティング客を乗せたレンジローバーが現れ、懐かしい人間の匂いをかぎ取ってエサをもらおうと近づいていったところを、銃を持った富裕層たちに待ち伏せされ、撃たれる。趣味でやっているハンターたちの技術は未熟で、大抵は一発では絶命しない。ライオンたちは体に何発もの弾丸を浴びせられて、苦しみながら死んでいく……。

黒人ドライバーの話を聞きながら、私はレンジローバーの窓から吹き込んでくる乾いた風の中で、養殖ライオンたちは銃で撃たれる直前、垣間見える人間たちの表情に一体何を思うのだろうかと想像した。

短い一生をともに過ごした愛情か。それとも終生殺されるためだけに育てられた怨念か。

狭い檻の中で育てられた養殖ライオンたちは、本来なら縦横無尽に走り回れたはずのサバンナで、どんな夢を見るのだろうか――。

到着した入り口近くの駐車場には、メルセデスやポルシェの四輪駆動車が並んでいた。遠くでライフルの音が響き、駐車場の奥にある粗末なレンガ造りの小屋の前では黒人たちがいままさに、巨大な刃物を使って客が仕留めたライオンの頭部を切断しようとしていた。

呼吸する大地
——南アフリカ・ケニア

春の雨を受けて一年に数週間だけ、乾燥した荒野が一面の花畑に変わる。

南アフリカの西部に位置するナマクワランド。

大都市ヨハネスブルクから小型ジェット機で一時間半、南ア北西部のアピントンに着く。そこからナマクワランドの最寄り町スプリングボックまで車で約四時間。

その間、道路脇に民家はなく、乾燥しきった大地が延々と続く。完全な砂漠というわけではなく、岩がむき出しになり、大地に草木がまばらに生えた、アフリカで「ブッシュ」と呼ばれるありふれた風景だ。

そんな一見不毛な大地がナマクワランドに入った瞬間、見渡す限り、野花の絨毯《じゅうたん》へと変わる。

赤、黄、紫、白、オレンジ……。推定三五〇〇種の植物のうち一〇〇〇種以上が固有種だと言われている。

満開の時期は雨の直後のわずか数日。天気が良い日の午前一〇時から午後四時と限られているため、「奇跡の瞬間」を狙って世界中から観光客や写真愛好家らが押し寄せる。

地元の商店で「最近は国立公園のデージーが見頃らしい」と聞き、ナマクワ国立公園へと車を飛ばした。

公園のゲートをくぐると、大地が燃えているようだった。南半球の九月はまだ肌寒く、海から吹き上げてくる湿り気を含んだ冷たい風が花々を揺らしている。まるでオレンジ色の湖面がゆらゆらと波打っているようだった。

どうして不毛な大地にこんなにも美しい野花が咲き乱れるのか——。

「諸説あるのですが、実際のところはよくわかっていないのです」と公園事務所に勤務する観光担当官のエランザ・ヘンテは言う。

「ここは山がちな地形で、普通の砂漠とは違って雨が降りやすい。地質が野花の生育に適しているということもあるだろうけれど、最大の理由はきっと、人間の生活圏から遠く離れているからです。農耕で土が掘り返されず、芽や草を食べる家畜もいない。自然にとって最大の『敵』は、私たち人間なのです」


翌週はケニア西部のマサイマラ国立保護区へ行った。

隣接するタンザニアのセレンゲティ国立公園と一つの広大な平原を形成しており、その大きさは四国と同じくらい。毎年ヌーの大群が両国の平原間を大移動することで知られるサフアリ・スポットだ。

一月から三月に出産を終え、大雨期が終わる六月までタンザニアのセレンゲティ国立公園で過ごしたヌーたちは、七月から九月になると草を求めてケニアのマサイマラ国立保護区へと北上する。その際、両国の国境付近を流れるマラ川を集団で渡る――有名な「ヌーの川渡り」だ。

私にとって、それは初めて体験するサファリだった。参加してすぐに、私はこれまでスワヒリ語で「旅」を意味するサファリというものを、大きく誤解していたことに気づかされた。それまでの私は、サファリの魅力とは大自然を駆け回る野生動物たちの自由な姿を間近に見られることにあると信じ込んでいた。

でも、実際のサファリはまるで違った。サファリカーの中から垣間見られる強大な自然が私たちに訴えかけてくるものは、自然界の残虐さやそこで生き残ることの難しさ、そしてそれらが紡ぎ出す唯一無二とも言える緊張感である。

生きゆくものと死にゆくもの、そしてその死を引き受けて生きながらえるものとが激しく交差し、交じり合って、絶え間ない輪廻《りんね》を繰り返す。その壮大なリアリティーを、我々は安全なサファリカーの中から凝視することを許されるのだ。

「ヌーの川渡り」は相当運がよくないと見ることができないと言われていたので、私とナイロビ支局に勤務するレオンはマラ川のほとりの茂みにサファリカーを隠し、空振り覚悟で待つことにした。

　一眼レフの望遠レンズで覗いてみると、向こう岸にあたるタンザニア側の平原では数十万のヌーが川渡りのタイミングを見定めている。意外にも、その中に相当数のシマウマが紛れ込んでいるのが見えた。

「あれはヌーの習性なんだ」とマサイ民族の血を引くレオンが得意げに言った。

「シマウマは野生動物の中でも格段に目が良く、危険を察知する能力が高い。ヌーはシマウマを味方に引き入れることで、少しでも危険を回避しようとしているんだ」

　最初に川辺に「偵察」に下りたのは、そのシマウマたちだった。川底には数千匹のワニがいて、水面に目だけを出して獲物の到来を待ち構えている。対岸の平原にはライオンやチーターがやはり息を潜めていて、そのときがやって来るのを待っている。

　シマウマは四〇分ほど川辺でウロウロしながら、渡河のタイミングをはかりかねていた。

　すると突然、一頭のヌーが川辺へと下り、シマウマを追い越して恐る恐る川を渡り始めた。数頭のヌーがやはり恐る恐る先頭に続く。斥候《せっこう》役のヌーたちはなんとか無事に対岸に到着すると、今度はゆっくりと崖をよじ登り、顔だけを出してケニア側の平原に肉食獣がいないか確かめ始めた。何度も後ずさりをしながら、慎重に時間をかけて偵察を続けた。

　十数分後、二頭のヌーが意を決したようにケニア側に広がる金色の平原へと飛び出した。

　すると次の瞬間、すさまじい轟音《ごうおん》が大地に響き渡り、対岸を埋めていた数十万頭のヌーたちが一斉に崖を駆け下りて川へと「突入」し始めたのだ。火山の噴火や大地震が起きたときのような爆音と激震が、一気にサファリカーの中を突き抜けた。

数十万のヌーの大群は隊列を組み、全速力で川や平原を蹂躙《じゅうりん》していく。これでは生身の人間が高速道路に飛び出していくのと同じで、ライオンもワニも手出しができない。身をよじらせて必死にヌーを捕らえようとしているワニも見えるが、そのそばからヌーの大群に弾き飛ばされている。

興奮しながらレオンが言った。

「ヌーが走り始めたら、他の動物は何もできない。下手にヌーの群れに突っ込めば、自分たちが殺される。奴らが捕食できるのは、渡河時に足を骨折したり、親からはぐれたりした子どもぐらいだ。本当にすごいよ。大自然はちゃんとバランスを取っているんだ」

震動と砂煙に包まれて、川渡りはわずか数分で終了した。

レオンの言う通り、川には負傷したヌーが数頭動けなくなって残されており、やがて十数匹のワニに肉をえぐられながら川の中へと引きずり込まれていった。

渡河の瞬間を待つシマウマとヌー

「アフリカの天井」で起きていること　――エチオピア

「アフリカの天井」と呼ばれる、エチオピア北部の世界遺産「シミエン国立公園」を旅した。太古の地殻変動などによって隆起した四〇〇〇メートル級の断崖絶壁が続く高原地帯は、厳しい自然環境によって守られた希少な野生動植物が息づく「楽園」としても知られている。

国立公園の入り口にあたる標高約二六〇〇メートルのデバーク村から四輪駆動車で約二時間半。標高約三六〇〇メートルのチェネック村に到着すると、落差数百メートルの断崖絶壁が足元に広がり、崖下から吹き上げてくる風にウインドブレーカーが巻き上げられた。

崖の上には広大な草原が広がっており、エチオピア周辺の高地だけに生息するというゲラダヒヒが穏やかに草を食んでいる。ガイドによると、彼らは夜は絶壁のくぼ地で眠り、朝になると崖をよじ登って崖の上の草を食べるのだという。

「彼らは大昔にこの高地に逃れてきた。切り立った崖が外敵から彼らを守ってきたんだ」

人間が近寄っても、ゲラダヒヒは逃げようとしない。恐怖とはやはり、経験や記憶が呼び起こすものなのだろうか。

そんな固有種たちの「楽園」が長らく存亡の危機にさらされている。

原因は国立公園内の農牧地化だ。法律で禁じられているにもかかわらず、公園内の草地を耕して農地にしたり、馬や羊を放牧したりする先住民たちが後を絶たない。

エチオピアの野生動物保護機構によると、農牧地化は公園が世界自然遺産に登録された直後の一九八〇年代から九〇年代にかけて急速に進んだ。一九九〇年代初頭まで続いたエリトリア独立戦争などの影響で公園の周辺地域に多くの難民が流入し、公園内で生活を営むようになった。すでに農牧地化で公園内の森の約八割が失われてしまっている。

政府は住民たちの法律違反を原因に挙げるが、本当のところはどうなのだろう?

公園内で羊の放牧を長年続けている古老アルベル・ミギルに意見を聞くと、首を振りながら不満を漏らした。

「高原を荒らしているのは、俺たちじゃない。『世界遺産』だと言ってこの地を観光地化し、金儲けを企んでいる欧州人や都会の役人たちだよ」

エチオピア政府は近年、国立公園の保護対策として観光産業の育成に力を注いでいる。世界有数の壮大な風景を資源として、公園内で農牧する人たちを観光の仕事に誘導することで、自然破壊を食い止めようという狙いだ。公園内にキャンプ場などを造り、二〇〇〇年には約一三〇〇人だった観光客が、二〇一四年には約二万人超へと爆発的に増えている。観光客がもたらす地域への収益も二〇〇四年の約四四〇万円から二〇一〇年の約二〇〇〇万円へと四倍以上に増えており、地元住民が観光業に魅力を感じやすい環境が生まれつつある。

とはいえ、政府が進める観光地化で、本当にこの美しい自然を守れるのだろうか？

チェネック村から麓へと戻り、デバーク村の古びた公園施設を見て回っていると、入域登録カウンターの上の棚にどこかで見たような色あせた顔写真が掲げられていた。

説明書きを読むと「初代公園長、Clive William Nicol」と記されている。

おや、と私は思わず説明書きを二度見してしまった。Clive William Nicol――日本でも作家やナチュラリストとして著名なC・W・ニコルだ。

私は電話がつながるという村の中心部のカフェに移動し、かつて長野県の黒姫高原で取材したことのあるニコルに国際電話をかけてみた。

「実はそうなんだ」と電話口に出た七五歳の自然派作家は懐かしそうに笑った。「若い頃、シミエン高原で働いていたことがあるんだよ」

公園施設の説明書き通り、彼は一九六七年から二年間、シミエン公園の初代公園長として勤務していた。

「それまではカナダで調査捕鯨船に乗り込んだり、イヌイットと一緒にアザラシの観察をしていたりしたんだけれど、ある日、知り合いから『アフリカで公園長になってみないか』と誘われてね。当時はまだ公園内に道なんてなくて、馬やロバに乗って公園内を見回りながら、一年のほとんどをテントで寝泊まりしながら暮らしたんだ。夜になると、あちこちでよく山賊が出て治安が悪かった。銃を持って彼らと派手に戦ったこともあったよ」

後で調べてみたところ、彼は一九七二年に『From the Roof of Africa』（アフリカの天井から＝未邦訳）という本まで書いていた。

私はおそらく日本で最もシミエン国立公園の実情をよく知るニコルに、当時といまの公園内の自然環境の移り変わりについて尋ねてみた。

「当時はいわば未開の地だったからね、今では想像もつかないくらいに公園内には素晴らしい自然がそのままの状態で残されていた。見たこともない草木や花があふれ、そう、まるで日本語で言う『桃源郷』のような所だったよ。実は昨年、四五年ぶりにシミエンを訪れたんだけれど、森がほとんど失われてしまっていてね。かつて見た美しい草花も消えていた。最大の原因はやはり家畜で、草や木の芽が根こそぎ食べられてしまっている。それは間違いのない事実だ」

「やはり、観光業に移行するべきなのでしょうか？」

「どうだろう」とニコルは言った。「自然環境を保護するために、現地の人々が生活スタイルを変えていくのは重要なことだと思う。観光業はその一つになり得るのかもしれない。でも、それはあくまでも一般論だ」

彼はそこで意図的に小さな沈黙を作ってから続けた。

「そこから先はきっと、私がコメントすべきことじゃない。だっていま、君はシミエンにいるんだろう？　なんでも専門家に話を聞いて、それを他人事《ひとごと》のように書いて伝えるのは、日本の新聞記者の悪い習性だよ。目の前で偉大な自然が失われていく。一方で、ドルやユーロを財布に詰め込んだ白人の観光客たちが、粗悪な写真がプリントされたTシャツを着て、カフェでピザをビールで流し込みながら下品な笑い声を立てている。そんなシミエンを、果たして現地の人たちは望んでいるのかい？　自分の目で見た光景を、自分の知識と感情に照らし合わせながら、自分の内側から湧きあがる言葉によって伝える。それが君の仕事だ。変わりゆく『The Roof of Africa』の姿を、いまそこにいる君が伝えるんだよ」

シミエン国立公園の断崖絶壁の前に立つ少年

強制移住の「楽園」——セーシェル・モーリシャス

水晶のように美しいインド洋の二つの島を旅した。

セーシェルとモーリシャス。

米国や欧州などから多数の富裕層がバカンスに訪れる「地上の楽園」には、故郷の島を追われ、悲しみに満ちた人々が暮らしている。米軍が中東などへの出撃拠点として使用している、インド洋のチャゴス諸島（英領インド洋地域）の元島民たちだ。基地の建設を目的に島外への移住を余儀なくされ、いまも故郷に戻れない。

最初に訪れたのはセーシェルだった。

アフリカ大陸とモルジブ諸島のほぼ中間に位置し、「インド洋の真珠」と謳われる一一五の島々からなる熱帯の群島。首都ビクトリアにはロンドンのビッグ・ベンを思わせる古い時計塔や教会が立ち並び、新鮮な海産物を提供する市場近くの食堂で、「セーシェル・チャゴス人委員会」で議長を務めるギルバート・ジェドロンが私の到着を待っていた。

「日本人にとってチャゴスを理解することはそれほど難しくはないはずよ。だって、日本にはオキナワがあるでしょ。我々の問題は、オキナワのそれとあまりに似ている」

彼女たちの故郷であるチャゴスは、大小六〇以上の環礁や小さな島々からなる諸島だ。一六世紀にポルトガルによって「発見」された後、一八世紀にフランスの植民地となり、一八一四年には英国の保護領になって英領モーリシャスの一部として統治された。

ところが第二次世界大戦が終わり、東西冷戦の高まりに応じて一九六五年にモーリシャスから分離されて「英領インド洋地域」に編入されると、翌六六年には米国との防衛協力の一環で諸島最大のディエゴガルシア島が米国に五〇年間貸与されてしまう。約一五〇〇人の島民たちは、チャゴスから遠く離れたセーシェルやモーリシャスなどへ強制移住させられた。

六〇歳のジョジェット・ナヤは、一六歳までディエゴガルシア島で暮らしたという。

「島民全員がまるで一つの家族のようだった。おなかが空いたらヤシの実を食べ、友人と砂浜で歌いながら夜更けまで過ごした。まるでおとぎ話に出てくる天国のような島だった」

一九七一年のある日、セーシェル出身で役場勤務の父から突然、「島を追い出されることになった。セーシェルに行く」と告げられ、夜通し泣いたという。小さな船に三日乗ってセーシェルに着いた後、一家七人は叔母の家の小さな部屋で暮らした。仕事が見つからず、長らく父の日雇いで食いつないだ。

ジョジェットは縫製の仕事をしながら夜学に通い、娘や息子を育てた。今も子どもや孫たちにかつての島の記憶を語って聞かせる。「あなたたちの故郷はチャゴス。世界で一番美しい島。いつか、子や孫にその美しい風景を見せてあげてほしい」と。

涙を流すジョジェットの肩を抱きしめながら、リーダー役のギルバートは言った。

「当時、セーシェルには約五〇〇人が強制移住をさせられたとみられています。移住者の多くが老齢にさしかかるなか、誰もが『魂の帰る場所』を求めています。私たちにとってそれは紛れもなく、あの透き通った海に浮かぶ、チャゴスなのです」

翌月、私はモーリシャスを訪れた。

欧州の富裕層が憧れる世界トップクラスのリゾートアイランドだけあって、ビーチ沿いにはいくつものマリンスポーツの施設を併設したリゾートホテルが広がり、ハワイさながらに、ブランドもののバッグを持った富裕層の白人女性たちが華麗にバカンスを満喫していた。

そんな街の一角で、いささか周囲の雰囲気とは不似合いな会合が開かれていた。チャゴスからモーリシャスに強制移住をさせられてきた元島民らの集会だった。

「チャゴスに帰りたい人は手を挙げて!」

「チャゴス難民グループ」の代表オリビエ・バンコーが声高に呼びかけると、広場に集まった約三〇〇人の元島民たちが一斉に手を挙げた。

オリビエが満足そうに頷いて言う。「そうだよね、みんな帰りたいに決まっているよね。

チャゴスより美しい島は世界に存在しない。俺たちは世界で一番美しい海と、その海に沈む夕日を誰よりも知っている人間なんだから」

チャゴスの元島民たちは長年、英国政府が島での居住を禁止した措置は違法だとして裁判所などで争ってきた。英高等法院が二〇〇六年、帰島を禁じる英国政府の措置は違法であるとの判断を下したため、元島民たちの帰島への期待は一気に膨らんだものの、最高裁にあたる上院上訴委員会は二〇〇八年、措置は適法とする逆転判決を下してしまう。

一方で、そんな裁判所の理不尽な判決を受けて、世界各国の人々が「チャゴスの人々の帰島を認めるべきではないか」との声を上げ始めたことで、元島民たちの希望はつながった。米軍へのディエゴガルシア島の貸与期間は二〇一六年が期限とされるなか、チャゴス諸島の行政府は二〇一四年、国際会計監査グループに帰島の実現性に関する調査報告を依頼。その報告書が二〇一五年一月に発表されると、元島民たちの間には「我々は帰島できるのではないか」との期待が再び高まった。

報告書は帰還の可否についての結論は出していないものの、「再定住を妨げる基本的な法律に関する障害はない」と言及し、大規模（約一五〇〇人）な再定住には約七五〇億円、中規模（約五〇〇人）であれば約二〇〇億円、試験的で小規模（約一五〇人）であれば約一〇〇億円の費用がかかると試算していた。

オリビエは興奮気味に元島民らに言った。

「多少のお金はかかるものの、帰島は現実的には可能なわけだ。最初はわずかな島民でもいいので、島に戻してほしい。このまま誰も住めないと、島の文化や風習が失われてしまう」

集会後、九〇歳になるリタ・バンコーが、海辺でチャゴスの思い出を振り返ってくれた。

ペロスバノス群島で夫や六人の子どもと一緒に暮らしていた。一九六七年、三歳の娘がロバの荷車にひかれて重傷を負い、モーリシャスの病院を紹介されて一家でモーリシャス行きの船に乗った。病院に着いたときには娘は手遅れで、一カ月後に亡くなった。島に戻る船を待ったが、船会社から「チャゴス諸島は米国に売られた。もう島には戻れない」と言われ、仕方なく親類の家に身を寄せた。夫は移住から五年後に他界し、息子三人も仕事がなく、アルコール依存症などで若くして亡くなった。

リタはいま、モーリシャスの首都ポートルイス郊外の粗末な家で暮らす。

「チャゴスの家は立派だった。死ぬときだけは、あの島の家で死にたい」

目の前には、光に満ちあふれた瑠璃《るり》色のインド洋が広がっている。『トム・ソーヤの冒険』を著した米作家マーク・トウェインは、その島の美しさから「神はまずモーリシャスを作り、それを真似《まね》て天国を作った」と語ったという。

私がその話を持ち出すと、九〇歳のリタが力強く否定した。

「違うわ。神は最初にチャゴスを作ったのよ。それに似せて、モーリシャスや天国を作った。いまは戦闘機に汚されているけれど、チャゴスはそれほど美しいのよ」

帰れない「故郷」に思いを馳せるリタ・バンコー

魅惑のインジェラ
――エチオピア

アフリカで最も好きな国はどこかと尋ねられたら、おそらくエチオピアと答えると思う。八〇以上の民族がそれぞれ異なる言語やユニークな伝統様式を有し、エチオピア正教の教えに従って現在も計一三カ月で一年が構成されるユリウス暦を採用するなど、人々は独自色の強い魅力的な文化や生活をいまも大切にしながら暮らしている。

道を行き交う女性たちは、純白の綿で作られた、体がしなやかに見える刺繡《ししゅう》入りの伝統的なワンピースを身につけ、人々は道ばたですれ違うたびに日本で言う「お辞儀」のような仕種を交わし、静寂や謙遜を美徳としながら生きている。

そして何より、国民食である「インジェラ」だろう。

その魅惑的な食べ物を私が初めて知ったのは、日本で読んだある書籍だった。

ノンフィクション作家・中村安希《あき》が二〇一一年に著した『食べる。』（集英社）。書籍では、旅先で出合った一五カ国の食べ物やそれにまつわる文化が取り上げられていたが、その最初に紹介されていたのが、エチオピアのインジェラだった。

彼女はその食べ物の特徴を次のように表現していた。

その料理の噂を初めて耳にしたのは、二〇〇七年の春、パキスタンの山中に滞在していたときだった。私は、シングルベッドが二つある個室を日本人の女性旅行者とシェアしていて、毎晩それぞれのベッドに入ったあと、彼女から旅の話を聞かせてもらっていた。(中略)

「南京虫を除けば、エチオピアはすごくよかった。民族とか、音楽とか、文化的には相当面白かったから。それから、あの国には独特の食べ物があって」

旅人の間でその料理は〝ゲロ雑巾〟と呼ばれていたと言って、彼女は笑った。

「好きになる人もいるみたいなんだけど、なんていうかゲロみたいに酸っぱくて、ほんとうにボロボロの雑巾みたいな色をしてて」

アフリカへの赴任前だった私は最初にこの文章を読んだとき、この異国の郷土料理の食感や味をうまく想像することができなかった。「ゲロ雑巾」という表現からは——どう控えめに考えてみても——その食べ物が美味しいようには思えない。

しかし書籍を読み進めていくと、最初は抵抗を示した著者も次第に夢中になってしまい、最後にはその味を求めてエチオピアを再訪してしまうほど、「ゲロ雑巾」にとりつかれてしまっているのだ。

インジェラとはいかなる食べ物なのか——。

何度もエチオピアに通って食した経験から言えば、それは日本人の梅干しや納豆に相当するような、外国人にとっては一見グロテスクではあるけれども、エチオピアの食事にはなくてはならない食べ物である。

原料はテフと呼ばれるイネ科の穀物で、私がエチオピア南部の食堂で聞いた調理法によると、(一) まずテフの粉と水を一対二の割合で混ぜ合わせ、(二) 乳酸菌を加えて発酵させる。(三) その後容器にふたをして一日寝かせた後、(四) 酸味の強い上澄みを捨て、(五) 直径約一メートルのクレープのようにして焼き上げる、という手順を踏むらしい。

食卓に出すときは、インジェラの中央にそれぞれ香辛料で煮込んだ羊肉や野菜を添える。食べるときは片手でインジェラをちぎり、タコスのように肉や野菜を挟んで食べる。

最初にエチオピアでインジェラを口にしたとき、中村の表現力に脱帽した。『食べる。』で表現されていた通り、それは酸っぱく、肉や野菜もドロリとしていて、見た目も匂いも「あの味」なのだ。「これは無理だな」と私も思った。

ところが、エチオピアに出張するたびに、必ずインジェラが追いかけてくる。取材先の民家でも、国立公園内のロッジでも、地方へのバスを待っているときの露店でも。インジェラは国民食であると同時に、客人をもてなすための接待食でもあるらしいのだ。

しかし不思議なことに、作り笑いで何度か無理やり口に運んでいるうちに、食事の際にはその酸っぱさがだんだん気にならなくなってくる。

すると、どうだろう。インジェラの酸味が煮込まれた羊肉や野菜の甘さと混ざり合い、まるでブイヤベースにバケットを浸して食べたときのように、何とも言えない、深みとコクのある魅惑的な味に変化していくのだ。「インジェラ・マジック」――エチオピア人たちは独自の味の変化をそう形容していた。今ではエチオピアに出張した際には必ずインジェラを頼んでしまうし、食事の終盤には煮物の汁を吸って皿の底に張りついたインジェラを、地元のエチオピア人と指で激しく争っている。時々、本場のインジェラを食べるために、エチオピア出張を企画しているのではないかと自分でも思ってしまうほどである。

インジェラを食した後の、伝統の「コーヒー・セレモニー」も魅力的だ。

エチオピアはコーヒー発祥の地との説があり、招かれた家では長老や家長が集落の伝統について語るなか、女性たちが日本の茶道のように鉄器を使って豆を煎り、抽出した濃厚なコーヒーを客人に振る舞う。

私が好きなアフリカ関連のエッセーの一つに、朝日新聞のアフリカ特派員を務めた伊藤正孝の書籍『アフリカ33景』（朝日文庫）の中の「エチオピアの画家・水野富美夫」がある。

才能のある四〇代の画家がある日、家族を日本においてエチオピアに出かけ、そのまま帰ってこなくなる。画家は酒が飲めないのにもかかわらず、現地のバーに通い詰めてそこで働く娼婦の女性を描き続ける。彼は貧しい生活を送る娼婦たちを半ば養いながら絵を描き続けたが、やがて金銭的に逼迫《ひっぱく》し、逆に娼婦の一人に引き取られて、娼婦の家族と一緒に町の一角で暮らし始める。

伊藤は画家との出会いを次のように回想している。

一九六九年、アジスアベバで私たちは会いました。あなたは横浜からアフリカに流れてきて四年目。まだ五十二歳でした。ヌファースルク（風の電話）という街区に住んでいて、この地名が好きだと、幾度も口にしていた。電話局が町角に建って以来、地元の人がそう呼び始めたという。「エチオピア人は、電話の原理は風だと思っているんですね。電流ではなくて、風が遠くの声を運んでくる。どうです、ロマンチックでしょう」と、あなたは繰り返した。

私は長らく確信している。

画家が感じていたのは「風」だけではない。きっと「インジェラ」の味にとらわれて、エチオピアから離れられなくなったに違いないのだ。

エチオピアの国民食「インジェラ」

モスクを造る　──マリ

午前五時半。数百人の男たちが泥でできた巨大なモスクの前に集まり、大量の泥を盛った縄製の器を頭に載せて、モスクのほうへと走りだす。

壁に設置された足場を使って高さ約二〇メートルの外壁に張りつくと、自らも泥まみれになりながら、頭上の泥をモスクの壁に塗り重ねていく。

マリ中部の世界遺産都市ジェンネで、年に一度行われる「泥のモスクの補修作業」を取材した。

交易都市として知られるジェンネは、その旧市街のほとんどの建物が泥と日干しレンガで造られている。一三世紀ごろに建造され、一九八八年に世界遺産に登録された「泥のモスク」はそのシンボルだ。

雨期に入る前に、世界遺産が雨漏りをしないよう実施される年中行事だが、補修というよりは「祭り」に近い。実施日は長老たちが決め、ほぼすべての住民が参加するため、人口約一万六〇〇〇人の小さな町は熱気と興奮に包まれる。

「最高の気分だわ」と一六歳の女子学生アミソタ・マイジャはもう顔が泥だらけだ。
「年に一度、泥まみれになりながら住民が一つになれるのよ」
牛飼いをしているという二四歳の青年ヤヤ・ガランボが叫ぶ。
「俺たちはモスクを『補修』しているんじゃない。新しくモスクを『造って』いるんだ！」

私がモスクの補修作業を取材したいと思った理由は、近年、この国でいくつも大きなテロが頻発していたからだ。

二〇一一年に「アラブの春」でリビアのカダフィ政権が崩壊した結果、マリには大量の武器が流れ込み、治安が急速に悪化している。勢いを得たイスラム過激派は二〇一二年にマリ北部の世界遺産都市トンブクトゥを制圧し、同時に「偶像崇拝にあたる」として歴史的な霊《れい》廟《びょう》や建物を壊し始めた。過激派による占拠や破壊は、二〇一三年にフランスが軍事介入するまで続いた。

その影響は、世界遺産のジェンネにも及んでいる。国連教育科学文化機関（ユネスコ）は、治安の悪化により「保全策をとることが難しい」として、泥のモスクを含む世界遺産「ジェンネ旧市街」を「危機遺産」に登録することの検討を始めていた。

それでも人々は保全活動をやめない。

なぜか。

補修作業を見守っていた長老シディキ・メンタウは取材に語った。

「争いの音は聞こえている。だからこそ続けるのだ。我々が補修を続けるということが、『暴力には屈しない』という最大のメッセージになるからだ」

外壁にかけられたはしごを登り、住民に紛れてモスクの上から写真を撮っていると、全身が（もちろんカメラも）すっかり泥だらけになってしまった。

隣で先ほど取材した牛飼いのガランボが満面の笑みで語りかけてくる。

「な、楽しいだろう？　これで俺が言った意味がわかったかい？」

私が頷くと、満足そうに顔に泥を塗りつけてくる。

「俺たちはモスクを補修しているんじゃない。新しくモスクを造っているんだ。たとえテロリストに壊されたとしても、また造り直せばいい。この街ではずっとそうやって歴史をつないできたんだから！」

「泥のモスク」の補修作業に駆け出す若者たち

裸足の歌姫 ——カーボベルデ

アフリカ大陸の西方約六〇〇キロの北大西洋上に小さな島国が浮かんでいる。

大小約一五の群島からなる小国「カーボベルデ共和国」。

その中心となるサンビセンテ島で、ある追悼集会が開かれると聞き、アフリカ大陸沿岸にあるセネガルの首都ダカールから小型機に乗って島を目指した。

二〇一一年に亡くなったカーボベルデ出身の歌手セザリア・エヴォラ（享年七〇）。

「裸足の歌姫」と呼ばれ、ジャズの世界に輝かしい足跡を残し、いまも世界中に多くのファンを抱える彼女を私が初めて知ったのは、米ニューヨークでの留学中だった。通い詰めていたジャズバーでセザリアの追悼コンサートが開かれ、ある南米出身のジャズシンガーがセザリアの曲を歌う前、ステージ上で静かにハイヒールを脱いでこう言ったのだ。

「セザリアが生前いつもそうしていたように、私も裸足で歌おうと思う」

バーのマスターがその言葉の意味について解説してくれた。

セザリアは孤児院で育ち、修道女から歌を教わった。一〇代で島の酒場に集う船員たちの前で歌うようになり、歌声が偶然島を訪れた欧州の音楽関係者に見いだされて世界的なヒットを果たしたときには、すでに四〇代後半に差しかかっていた。

コンサートで欧州や米国を飛び回りながらも、彼女はステージでは決して靴を履かなかった。「私はこれまでもずっと裸足で歌ってきたし、私の愛する島ではいまも、多くの人が靴を履いていていないから」と。

人々はいつしかセザリアを「裸足の歌姫」と呼ぶようになった……。

「いや、でも本当は単に靴が嫌いなだけだったのかも」

サンビセンテ島にあるセザリアの旧宅を訪ねると、二四歳の孫娘のジャネットが愛らしく笑いながら、セザリアの思い出を振り返ってくれた。

「だって、セザリアおばあちゃん、島ではいつも裸足だったし」

孫娘のジャネットにとって、セザリアは相当な「おせっかいおばあちゃん」だったらしい。

「道端でおなかを空かせて倒れ込んでいる人を見ると、自宅の冷蔵庫の食べ物を全部持って届けに行っちゃうんです。それどころか、お金をあげたりもしてしまう。亡くなる直前まで、そんなことを繰り返していました」

セザリアを追い続けたドイツ人写真家ジョー・ワーフェルは「歌姫」の性格をこう語る。

「誰よりも島の人々との生活を愛していた。この島はね、欧州とアフリカとの間に生まれた

『孤児』なんだ。両親からともに見放され、一人絶海に漂い続けている。その悲しさを彼女は誰よりも理解していた」

カーボベルデはかつて、「悲しみの島々」と呼ばれた。欧州と南北アメリカ、アフリカをつなぐ海上の要衝に位置することから、奴隷貿易の中継地として栄えた。

商品（奴隷）として島に連れてこられたアフリカ人と、奴隷商人として入植したポルトガル人との間で子どもが生まれ、いまではアフリカ系とポルトガル系の双方を祖先に持つ国民が人口の約七割を占めている。

負の歴史はやがて、予期せぬ副産物を生み出した。

ポルトガルのブルースと称される「ファド」とアフリカの民族音楽が混じり合い、独自のリズムを持った「モルナ」と呼ばれる音楽が生まれたのである。

その「モルナ」の魅力を世界に広く伝えたのがセザリアだった。島の哀愁を歌うハスキーな低音は、二〇〇三年にリリースしたアルバムで米グラミー賞を受賞した。

追悼集会の当日、セザリアの故郷であるサンビセンテ島には国内外から三〇〇人を超える歌手や音楽家らが集まり、彼女の曲を歌いながら夜通し街を練り歩いた。

島の人々が窓から両手を振って音楽家たちを歓迎するなか、彼女の代表曲であり、この島国で暮らす悲しみについて歌ったとされる「ソダーデ」が、狭い路地に繰り返し響き渡った。

手紙を書いてね
私も書くから
あなたが忘れるなら
私も忘れる
あなたが帰ってくる日まで

（「Sodade」アマンディオ・カブラル作詞、
アルバム『Miss Perfumado』より著者訳）

火山岩に覆われたカーボベルデでは農業が容易ではなく、本国の居住人口を超える約七〇万人以上が米国や欧州、アフリカ諸国への出稼ぎで暮らす。

ギターを弾きながら通りを一緒に練り歩いた島出身のミュージシャンが言った。

「悲しいもんさ。欧州では黒人と見なされ、アフリカ大陸では白人と見なされる。どちらに行っても、俺たちは地域に溶け込むことができないのさ……」

人は成長する過程において、それぞれ故郷をなくしてしまう。同時に夢も、友人も、恋人も、大切にしていた思い出さえをも失っていく。でも、それらは一度なくしてしまえば、二度と取り戻すことはできないものなのだと、おそらくセザリアは気づいていた。

だから、彼女は異国のステージで靴を履かなかったのだ。私の居場所はここじゃない、いつか故郷の島に帰るのよ、と常に自分に言い聞かせるために。

自分が自分自身でいられる、火山岩に覆われ、かつて奴隷貿易で栄えたあの島へ――。

アフリカ最後の「植民地」——アルジェリア・西サハラ

北アフリカの西端に「最後の植民地」と呼ばれる国際係争地がある。

旧宗主国であるスペインの撤退後、実効支配を続けるモロッコと、独立を訴える「サハラ・アラブ民主共和国」が対立する、「西サハラ」だ。

ほぼ全域が砂漠地帯だが、地下には豊富な鉱物資源が眠っており、周辺海域は屈指の漁場になっているため、争いが続いている。住民の一部は戦闘を避けて東隣のアルジェリアに逃れ、難民キャンプで苦しい生活を強いられている。

故郷を追われた人々はいま、どんな感情を抱いているのだろう——。

アルジェリアの首都アルジェから小型機と四輪駆動車を乗り継いで約一五〇〇キロ。途中四台の軍用車両に守られながら、西サハラの難民キャンプがあるサハラ砂漠の町ティンドゥーフに到着すると、亡命政府「サハラ・アラブ民主共和国」のブラヒム・ガリ大統領自らが私と取材助手を出迎えてくれた。

大統領は神妙な顔つきで私の手を力強く握って言った。

「お会いできて光栄です。日本の新聞記者の方に我々の現状を見ていただけることは、亡命政府にとっても非常に貴重なことです。西サハラの人民ともども、心より感謝しております」

一国の大統領が一介の新聞記者にここまで破格の対応をするのには理由がある。

西サハラはこれまでずっと、国際政治の荒波に翻弄され続けてきた。一八八四年には欧州列強によるアフリカ分割でスペインの植民地にされ、第二次世界大戦後にアフリカ諸国が次々に独立を果たしてモロッコがフランスから独立すると、今度は北隣のモロッコと南隣のモーリタニアによって分割された。

これに対し、武装組織「ポリサリオ戦線」は一九七六年、「サハラ・アラブ民主共和国」の独立を宣言し、東隣のアルジェリアの支援を受けて、モロッコやモーリタニアに対する武力闘争を開始する。モーリタニアは一九七九年、西サハラの領有を放棄したものの、そこにモロッコが進駐し、ポリサリオ戦線との戦闘が激化する。

亡命政府「サハラ・アラブ民主共和国」については、アルジェリアや南アフリカなど数十カ国が承認しているものの、欧米諸国や日本はいまも認めていない。それゆえに、大統領は私の手を握る手に力を込めるのだ。

「どうか日本政府や日本の皆さまに伝えてください。私たちを助けてください。我々は民族の自決権に基づき、自分たちの国で暮らすことを求めているだけなのですから」

西サハラでは推定で約一〇万人が故郷に留まって生活し、一七万人から二〇万人もの人々がアルジェリア西部の難民キャンプで暮らしているとされる。五つある難民居住区のうちの一つ、「ブジュドール・キャンプ」を訪ねると、約二万人もの人々が粗末なレンガ造りの家々で暮らしていた。炎天下に吹き込んでくる風は摂氏五〇度近く。まるでドライヤーの熱風だ。

「ここでの生活はあまりにも過酷です」とキャンプで暮らす五六歳の女性は顔をしかめた。

「水は配給制で、頻繁に停電も起きます。何より暑すぎる。故郷では多くの家畜を飼い、友人に囲まれて暮らしていましたが、ここでは農業はできません」

太陽光を遮断するため、窓際に暗幕のような分厚いカーテンがつり下げられた室内で、ここで生まれ育ったという二八歳の団体職員が訴えた。

「キャンプ内では十分な教育も受けられず、娯楽もない。若い人が次々に出ていってしまうのが悲しい」

その横で、かつて独立を求めてモロッコ軍と戦ったという六五歳の元戦士が叫ぶ。

「我々には命より大切なものがある。再び戦闘が起きれば、私は銃を持って戦うだろう！」

夕暮れ時、取材を通じて仲良くなった若者たちにキャンプの周辺を案内してもらった。少し涼しくなった郊外の砂漠地帯を歩いていくと、いくつもの装甲車がさびついたまま砂上にうち捨てられていた。

荒涼とした砂漠の丘で、青年の一人が威勢よく言った。

「戦争になったら、俺たちは喜んで戦うよ」

「なぜ、戦う?」と私は聞いた。

「民族のためさ」と青年は即答した。「いや違う、祖国のためだ」

「祖国って何だい?」

「母なる大地だ。俺たちはそこから生まれ、やがてその地に還《かえ》っていくんだ」

「その先は?」と私は尋ねた。「土に還ってその先、君たちは何になるんだい?」

「わからない」と青年は途端に口ごもった。「でも、そこからまた、新しい命として生まれてくるんじゃないかな。こんな砂漠からじゃ何も生まれてこないから」

私はあえて不思議そうな顔をして聞いた。

「でも、君たちは、気温が五〇度近くにもなる、このサハラ砂漠のキャンプで生まれたんだろう? 砂漠の中からでも命は生まれてくるんじゃないのかな?」

「変なこと言うなあ」と別の青年が私をからかうように言った。「灼熱《しゃくねつ》のサハラ砂漠で生きられるわけないじゃないか。僕たちはここで、国連や外国の支援団体から支援物質をもらって生き延びているんだから。僕らだって本来の故郷に戻って、自分たちの力で生きたい。当然だろ? ジャーナリストなのに、そんなこともわからないのか?」

乾いた笑い声が熱風の中に紛れて砂漠の向こうへと消えていく。

そうだ、と私は彼らの言葉を聞いてそのとき思った。彼らが言うように、きっと私は何も知らない。でも、それでいい。自らの無知を自覚した上で、これからも世界のあちこちに足を運び、自分の目で見た光景を、自分の頭で考え、わからないことについては「わからないので教えてほしい」と乞う、その誠実さを失わないでいよう。

真実なんて一つではない。それらは実は無数にあって、その中から何を選ぶか、どのように光を当てるのかで、まるで月のように表情を変える——。

「さあ、もうすぐ夜になる。僕の家で熱いミント茶でも飲まないか?」

青年の一人が誘ってくれた。

「こんなにも暑いのに、まだ熱いお茶を飲むのかい?」

私が言うと、みんながどっと笑った。

「当たり前だろ。暑い中で熱いお茶を飲むから、周囲が涼しく感じられるんだから!」

ティンドゥーフの難民キャンプを歩く少女たち

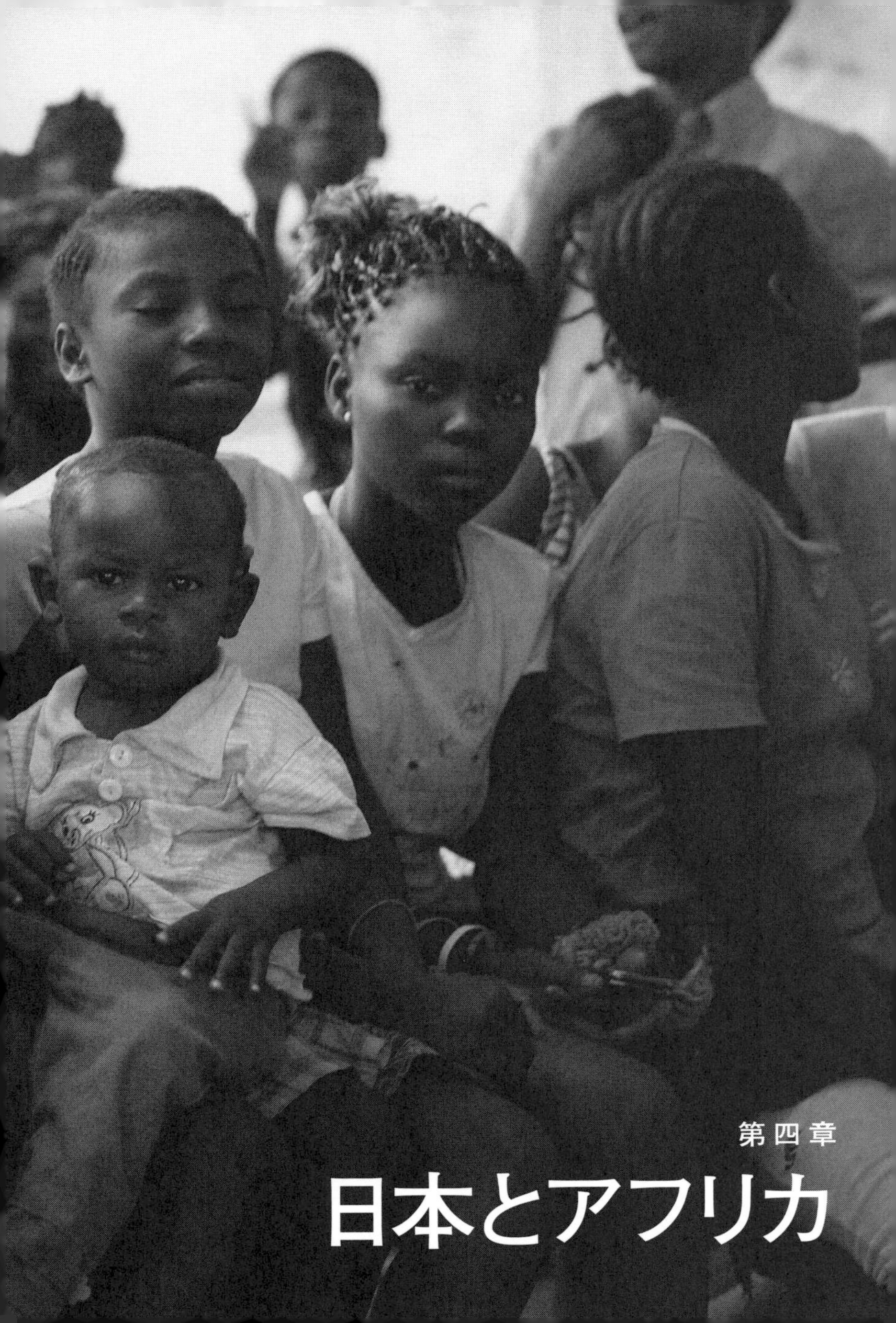

第四章

日本とアフリカ

日本人ジャーナリストが殺害された日　――ヨルダン

シリアに潜入していた日本人ジャーナリストがイスラム過激派「イスラム国」（ＩＳ）によって捕らえられ、殺害された。そのあまりに衝撃的な斬首映像はインターネットを通じて全世界に配信され、日本人の心に深い悲しみとそれをはるかに上回る恐怖の感情を植えつけた。それは中東におけるテロリズムの当事者性をずっと回避し続けてきた日本人にとって、そこで起きているすべての悲劇に我々は決して無関係ではいられないのだと思い知らされた、おそらく初めての出来事だった。

事件中、私はヨルダンの首都アンマンにいた。二〇一五年一月、ＩＳが「日本人ジャーナリストを捕らえた」と主張し、その映像をインターネットで配信したため、日本政府は急遽、アンマンにある日本大使館に現地対策本部を設置した。私は同僚二人と現地に入り、同僚が日本とヨルダン両政府の動きを追うというので、私はヨルダンで暮らす一般市民の取材を担った。

ＩＳは日本人ジャーナリストの他にも、戦闘機で飛行中にシリア国内で撃墜された二六歳のヨルダン軍パイロットを人質として捕らえていた。ＩＳはそのヨルダン人パイロットを釈放する条件として、ヨルダン政府に捕らえられているＩＳ側の死刑囚の解放を要求していた。

アンマンの広場に出向くと、集まっていた市民の多くが「ＩＳ側の要求を受け入れ、ヨルダン人パイロットと死刑囚を交換すべきだ」と声を張り上げていた。日本のメディアでは盛んに「ヨルダン市民は『日本人ジャーナリストも一緒に交換すべきだ』と叫んでいる」と報じられていたが、実際、そういった声はほとんど――と言うよりは、まったく――聞かれなかった。日本のメディアが日本の視聴者に忖度《そんたく》して作った「フェイク・ニュース」。残念ながら、日本の「国際ニュース」では往々にしてそういうことが起こる。

当時のヨルダン市民の感情については少し説明が必要かもしれない。

日本とヨルダンはとても似ている。歴史的に米国に近く、絶えず米国の強い影響を受けている。ただ、ヨルダンは地政学的に紛争国のシリアやイラクと隣接しているため、市民は米国が始めた戦争に自国が巻き込まれることを極度に恐れている。だから、米国がＩＳ掃討に向けイラクとシリアを攻撃するために「有志連合」への参加を呼びかけ、ヨルダン政府が国民の声を押し切って「参戦」を決めたとき、市民は政府の動きに強く反発した。その結果として、戦闘機が撃墜され、ヨルダン人パイロットがＩＳの人質になったため、ヨルダン市民は「これは政府の決定が導いた惨事だ」として、パイロットを無事に生還させるよう政府に強く要求していたのだ。

事態が動いたのは、一月二七日だった。ＩＳは捕らえた日本人ジャーナリストの映像をユーチューブに投稿し、その中で日本人ジャーナリストに「私の解放を妨げているのはヨルダン政府が死刑囚の引き渡しを遅らせているからだ」「私に残された時間は二四時間しかない」と語らせることで、事実上の最後通告を日本とヨルダン政府に突きつけていた。

ヨルダン政府はすぐさま緊急記者会見を開いた。しかし、政府の担当相は「ＩＳはまずヨルダン人パイロットが生存していることを示せ」「ＩＳが解放を求める死刑囚はヨルダンにいる」と繰り返すだけで、ヨルダン政府が交渉のカードを何も持ちあわせていないことをさらけ出しただけのような会見になってしまった。

政府の対応に業を煮やしたヨルダン人パイロットの父親は日没後、市内の集会場で自ら記者会見を開いた。カメラの前で「息子の安否だけでも教えてほしい」「政府はなんとしても息子を生きたまま取り戻してほしい」と懇願し、集会場の外では同郷の若者たちが政府に非難の声を上げていた。

翌日、ＩＳ側は猶予時間をさらに日没まで延長した。

私はパイロットの父親が待機する市内の集会場に張りつきながら、数百人の市民とともに事件の進展を見守った。パイロットの故郷であるヨルダン中部のカラクでは、故郷の若者の救出を求める市民の一部が暴徒化し、警察車両に向かって投石を始めていた。町のあちこちで炎が上がり、治安部隊が催涙弾で市民の鎮圧に乗り出していた。

そしてそこに、あの日本人ジャーナリストの凄惨な斬首映像が流れた。集会場の周囲からいくつもの悲鳴が上がり、それらはやがて絶叫へと変わっていった。

私はすぐさま現地対策本部が設置されている日本大使館へと急いだ。気温が零度を下回るなか、大使館前にはすでに多くの日本メディアが群がっていた。午前四時半に一度、大使館前で記者会見が設定されたが、それはなかなか開かれず、実際に日本の外務副大臣が大使館前に現れたのは午前七時半過ぎだった。

外務副大臣は苦悶《くもん》の表情で拳を堅く握りしめたまま、肝心なことは何一つ発しない。取り巻く海外メディアが「日本政府はイスラム国と交渉できていたのか？」と何度質問を向けても、彼は事実をはぐらかし、追加の質問を無視してその場を立ち去った。

最悪の対応だ、とその状況を見て私は思った。質問を冷酷に無視することが、無言の回答になってしまっている。「日本政府はＩＳと何一つ交渉できなかった」——海外メディアは日本の失態を外務副大臣の映像付きで報じるに違いない。

本当に、日本政府はＩＳと何も交渉できなかったのか——。

私はその後も現地に残り、現地助手の力を借りて独自に日本人ジャーナリストの解放交渉の内側に迫ることにした。

現地助手がヨルダン政府の外交トップである外交委員長と旧知だというので、議員会館に潜り込み、彼の部屋の前で数時間張り込んだ。彼が外出するタイミングを狙って扉を押さえ、「一〇分だけ」と懇願して二人で部屋に押し入った。外交委員長は「また貴方《あなた》か」と言って現地助手を軽くにらみつけ、それでも約三〇分間、我々の取材に応じてくれた。

「日本はこの期間、ＩＳ側とどのような交渉を続けていたのでしょうか？」

私が質問すると、外交委員長は「我々はＩＳと非常に複雑な交渉を続けた」と、主語を「日本」ではなく、「我々」と言い換えて内実を説明した。

「相手はテロリストだ。だからヨルダンと日本は一つのグループになり、第三者を通じて交渉を続けた」

「日本についてはいかがですか？」と私は尋ねた。「我々とはつまり、ヨルダン政府のことなのではないですか？」

外交委員長が沈黙したので、私はさらに質問を重ねた。

「日本はＩＳ側と交渉できていたのでしょうか？」

「いや」と外交委員長は言った。「私の知る限り、日本とＩＳの直接交渉はなかった。でも、それは仕方のないことだ……」

「仕方のないこと？」

外交委員長は首を振りながら言った。

「ヨルダンや日本は、米国ではないのだから……」

その夜、日本大使館の前でヨルダン市民による殺害された日本人ジャーナリストの追悼集会が開かれた。日本から取材に来ていたテレビカメラが何台も並び、その様子は日本でも大きく報道されたが、その集会には過剰な「演出」が含まれていた。

私が知る限り、彼らは大型バスに乗って大使館前に運ばれてきていた。追悼集会があったのは日本大使館の前だけだ。あまりのタイミングのよさに疑問を感じて参加者に聞くと、彼らの多くが政府系組織の要請によって集まっていることを認めた。ヨルダンは日本から多額の支援を受けている。しかし今回、両国の交渉は失敗に終わった。なんとかして両国の友好関係はつなぎとめたい——そんな両政府の意向が見え隠れする。

日本人ジャーナリストの殺害に関する取材が終わり、日本メディアが帰国の途につき始めた二月三日、今度は人質にされていた二六歳のヨルダン軍パイロットの殺害映像がＩＳによってインターネットに投稿された。まるでＣＧ（コンピューター・グラフィックス）のように、生きた人間を衆人環視のもとで焼き殺す、極めて残虐な映像だった。

ヨルダン軍パイロットの父親が待機している集会場に向かうと、外では一〇〇〇人を超える市民の怒りが渦のようになっていた。

「殺せ」と誰かが叫ぶと、群衆がそれに呼応するように一斉に叫び始めた。

「殺せ」「殺せ」「殺せ」「殺せ」……。

絶叫が集会場前の路上を覆い尽くしていく。一触即発の状態になったとき、突如、テレビにヨルダン政府が確保していたＩＳ側の死刑囚の死刑が執行されたというニュースが流れた。するとと人々は一気に沈静化し、死刑執行と復讐、ヨルダン政府を支持する掛け声だけが再び路上を伝播していった。

政府による情報操作。私はあまりに恐ろしくなった。この国では、市民が完全に政府にコントロールされている――。

翌日、ヨルダン軍パイロットの故郷であるカラクに向かうと、午前九時前、殺害後一度も姿を見せていなかったパイロットの父親が自宅前にいた。カメラマンと二人で単独会見を申し込むと、父親は受け入れ、嗄《しわが》れた声で日本政府と日本人に向かって謝罪した。

「ヨルダン政府が大切な日本人ジャーナリストの命を守れずに申し訳なかった。ヨルダン人として、私も遺族に心から哀悼の意をあらわしたく……」

村の中心に臨時のテントが張られ、すでに村人ら約六〇〇人が弔問に詰めかけていた。

追悼礼拝の途中、戦闘機二機が爆音を上げて上空を飛び去っていくのが見えた。

その瞬間、父親は「息子よ、息子よ」と大声を上げてむせび泣いた。

私が知る限り、父親が感情をむき出しにしたのは、そのときが最初で最後だった。

パイロットの解放を求めて写真を掲げるヨルダンの人々

ウガンダの父　──ウガンダ

「大阪弁はわかりますかな？」

ウガンダの首都カンパラにある崩れ落ちそうな衣料品工場の前で、柏田《かしわだ》雄一は、はにかむような笑顔で私を出迎えてくれた。

「日本の新聞記者が訪ねてきてくれたのは何年ぶりですかな？　随分と久しぶりですわ」

八三歳。わずかに足を引きずりながら、自ら工場内を案内してくれた。

「ワシはほら、ここでは『ウガンダの父』って呼ばれてますやろ。でも、アレはもうアカンですわ。とっくに『ウガンダの爺さん』ですわ」

大阪生まれ、大阪育ち。一九五八年に大阪外語大を卒業し、二年後の一九六〇年、入社した衣料品会社「ヤマトシャツ」（現・ヤマトインターナショナル）の社長室に呼ばれた。

「ウガンダで我が社のシャツがバカ売れしとる。灼熱の大地で、なんでアフリカ人がシャツなんて買うんや。お前、ちょっと行って見てきてくれんか？」

一九六〇年代、日本人の多くがまだ「アフリカでは現地人がヤリを持って動物を追いかけている」と信じ込んでいた時代だった。

半信半疑で飛行機を乗り継ぎ、ウガンダの空港に着いて驚いた。

「そりゃ、ひっくり返ったわ。暑いどころか、寒かったんや」

平均気温は二三度。国土の大半が標高一〇〇〇メートル以上の高地に位置するウガンダには「アフリカの真珠」と称されるほどの美しい森と湖が広がり、英国政府が第二次世界大戦中、ドイツ軍の空襲におびえて首都を本気でウガンダに移そうとしたとされるほどに、冷涼な気候の国だった。

日本製のシャツが売れるわけだ——そう納得した柏田は五年後、ウガンダ政府と合弁会社を設立し、現地で一二五人を雇用して「ヤマト」のシャツを作り始めた。

高品質のシャツは飛ぶように売れた。しかし一九六六年、軌道に乗り始めた経営をウガンダ軍のクーデターが直撃する。

反乱軍の将校らが社長室にまで乗り込んできて、柏田は銃口を向けられながら「工員を全員、工場の前に集めろ」と命じられた。

「まあ、そんなに焦りなさんな」

少数民族の工員が虐殺されることを懸念した彼は、まずは将校たちを落ち着かせるために時間を稼ごうと考えた。

工場の広場に建てられた支柱の上ではためく日の丸を指さして聞いた。

「それよりあんたら、あのポールに掲げられている旗が何の旗か知っとるか？」

「知らん」と将校のリーダーらしき男が即座に答えた。「コカ・コーラか？」

コカ・コーラ？

予想外の答えに柏田は思わず噴き出してしまった。すると反乱軍の将校たちもそれにつられてわずかに苦笑し、周囲に穏やかな空気が広がった。

「違うわい」と柏田はあえて笑いながら言った。「コカ・コーラのマークは赤丸の中に『コカ・コーラ』って書いてあるやろ。あれは『日の丸』という日本の国旗や。東洋の島国がわざわざウガンダにまで来て、この国の外貨獲得のために必死に頑張っとるんや。そんな工場を君たちは今から潰そうとするんかい！」

柏田の一言に将校たちは顔を見合わせ、しばらく何かを話し合っていた。するとリーダーの一人が柏田に向けていた銃口を下ろさせ、深々と一礼すると、そのまま将校らを引き連れて、工員を一人も殺さずに工場から立ち去っていった。

それだけではない。彼らは工場が反乱軍から不必要な攻撃を受けないよう、その後も部下を工場の周囲に配置して、工場や工員を守り続けたのである。

一連の出来事はクーデター後、現場にいた秘書や工員の口から市民へと伝わり、柏田はいつからか「ウガンダの父」と呼ばれるようになった——。

国民の信頼を勝ち得た柏田はその後、アフリカのビジネス界で奇跡的とも言える成功を収めた。ウガンダのほとんどの小中学校の制服には「ヤマト」のタグがつけられ、子どもたちは「ヤマト」を着て学校へ通い、卒業すると「ヤマト」のスーツに袖を通した。「ヤマト」はウガンダからアフリカ各国へと輸出され、外貨獲得の大黒柱としてウガンダの経済を支え続けた。

ところが二〇〇〇年代に入ると、安泰だと思われていた経営に急遽、暗雲が垂れこめ始めた。ウガンダの国内市場に「ヤマポ」や「トマト」といった偽物が出回り始め、会社の業績が急速に悪化し始めたのだ。ほとんどが中国で生産された模造品だった。

柏田の会社は倒産寸前の状態に陥り、私が取材に訪れたときにはすでに風前の灯火《ともしび》だった。借りられるところからはすべて資金を借り、中国製品と差別化を図るため、有機栽培の綿花を使用したシャツを売り出して起死回生を狙っていたが、賄賂を払って無税で入管を通り抜けてくる激安の中国製品には太刀《たち》打ちできない。

「俺はなあ、負けたくないんや」と柏田は社長室で私に向かって豪語した。「負けへんぞ。中国にだけは絶対に負けへん」

しかし、すでに工場の九割が稼働を停止し、多くの従業員を解雇してしまっている。この状態から起死回生は可能なのか。

「君の考え方は根本的に間違っとるな」と八三歳は私の懸念を笑い飛ばした。

「確かに今はうまくいっていない。でもそれは今だけだ。未来のことは誰にもわからん。そもそも苦労なんてもんはな、人間、多ければ多いほどいいんだ。振り返ってみてみい。『つらいな、苦しいな』と思っているときが、人間、本当は一番成長し、充実しとるんや。俺はアフリカに来てから何度もそう思ったし、いまもつくづくそう感じとる。そうしたら、君、ワシはいま、人生で最高に輝いとるっちゅうことやないか！」

「ウガンダの父」は豪快に笑ってそう言うと、咳《せ》き込みながら社長室の入り口の脇に座っていた女性秘書に水を求めた。運ばれてきた、表面がうっすらと砂にまみれたペットボトルの水を一気に飲み干しながら、私に向かってうれしそうに叫んだ。

「君も飲んでみぃ。ウガンダの水はとびきりうまいぞ！」

ウガンダの工場で現地工員と写真に収まる柏田雄一

自衛隊は撃てるのか ——南スーダン

「実はもう一つ、お話ししていない案件がございます」

南スーダンの首都ジュバの、国連基地の一画に建てられた簡素なプレハブ造りの応接室で、陸上自衛隊の派遣隊長がゴクリとつばを飲み込んだ。

外気温は四〇度以上。二〇一四年四月、私は自衛隊が参加している国連平和維持活動（PKO）に関する取材で南スーダンを訪れていた。応接室の空気がかすかに揺れたのは、準備していた質問を一通り終え、席を立とうとしたときだった。

「実はですね……、これはまだどなたにもお話ししていないのですが、今年一月、勤務中に宿営地の近くで銃撃戦がありまして……」

南スーダンでは前年の一二月に副大統領派によるクーデター未遂事件が発生し、民族が国を二分して殺し合う内戦状態に陥っていた。でも、自衛隊の宿営地近くで銃撃戦が起きたという話は聞いたことがない。一体、どういうことなのか……？

隊長は静かに続けた。

その日、中部のボルを占拠していた反政府勢力が急遽南下してくるとの情報があった。昼の作戦会議でも「反政府勢力がジュバに向かって前進中」「南方からも反政府勢力が北上している」との報告が寄せられた。そして夕方、宿営地の近くで銃撃戦が始まった。

「戦闘に巻き込まれた場合、政府軍と反政府勢力が宿営地の土塁に上がって互いに撃ち合う可能性がありました。当時、国連基地内には多数の対立民族が避難民となって逃げ込み、避難生活を送っていました。政府軍から見れば、避難民は敵であり、虐殺が始まる可能性もあった。さらに政府軍から追われた避難民が、自衛隊の宿営地内にも流入してくるのではないかと考えました。ある宿営地では過去、避難民を狙った流れ弾に当たって国連兵が死亡しています。私としましては、万が一にも隊員を死なせるわけにはいきません。よって、最低限の自衛だけはさせておく必要があると考え、全隊員に武器と弾薬を携行させました……」

自衛隊員に武器と弾薬を携行させた？

私は隊長の話を聞きながら、思わず身を硬くした。

大スクープだ――。

日本の自衛隊は、海外において正当防衛以外には武器の使用が許可されていない。自衛隊はこれまで海外で一発の弾丸も撃っていない。イラクへの派遣では作戦実行部隊に銃弾の装《そう》塡《てん》が許可されたものの、今回は女性隊員も含めた全隊員だ。ニュースの大きさがまるで違う。

「自衛隊は正当防衛以外では撃てませんよね」と私は確認を兼ねて隊長の発言を詰めた。

「ええ、おっしゃる通りです」と隊長は冷静に答えた。「我々は任務遂行型の武器使用は認められておりません。だから、避難民を守るために撃てとは命じられない。よって隊員には『各自あるいは部隊の判断で、正当防衛や緊急避難に該当する場合には命を守るために撃て』と命じたのです」

私はさりげなく、ICレコーダーがきちんと作動しているかを横目でチェックした。大丈夫だ、録音中の赤が点灯している。証言は録音されている。隊長もそれを横目で確認した上で、言葉を選びながら話を続けた。

「例えば目の前で避難民が殺されても、それが正当防衛や緊急避難に該当しなければ我々は撃てない。この南スーダンの地においても、我々は日本の国内法に基づいて行動しますから。正当防衛や緊急避難に該当する場合には撃つ――そういう厳しい判断にならざるを得ませんでした」

「でも、もしそのとき『襲撃』に巻き込まれていたら……」

私の質問に隊長は答えた。

「もし私の見通し通りになっていたら、撃っていたかもしれません……」

判断を下した二時間後、隊長が「襲撃」だと思った銃撃戦は、政府軍からの脱走兵が国連基地内に逃げ込もうとした際に互いに撃ち合ったものだったことが確認され、隊員は通常任務に復帰していた。

しかし、全隊員に射撃を許可した判断は極めて重い。あと少しのところで、自衛隊が事実上、海外で初めて「戦闘」に及んでいた可能性を払拭できない。同時にそれは憲法九条に抵触する疑いのある行為にもつながっていく。

彼の判断は果たして適切だったのか――。

国連基地を出て四輪駆動車でプレハブ造りの簡易ホテルへと戻る途中、私は明らかに興奮していた。これまでの経験から、記事は一面掲載で間違いない。読者から多数の反響が寄せられ、他社も追随するだろう。事と次第によっては、国の安全保障政策にも影響を及ぼす記事になるかもしれない。

部屋に戻って荷物を下ろすと、早速、衛星電話で東京の編集局に報告を入れた。

「よし、わかった」と編集局にいるデスクも興奮気味だった。「すぐに防衛省担当に裏を取ってもらう。確認が取れるまで待ってくれ」

「このニュースは大きいぞ」とデスクが乱暴に衛星電話を切った瞬間、なぜか嫌な汗が体中から噴き出した。

なぜ自分だったのか――。

職業記者ならこのニュースの大きさは誰でもわかる。自衛隊関係者ならなおさらだ。それなのになぜ、隊長は初対面の私に、しかも自衛隊にはあまり好意的ではないとみられている新聞社の記者に、その情報を「リーク」したのか……。

何かを変えたかった――？

日本国内ではそのとき、従来の歴代内閣が頑なに拒んできた集団的自衛権の行使を容認すべきかどうかの議論がしきりに交わされていた。同時に、日本が今後「積極的平和主義」を実現していくためには、自衛隊の海外における武器使用基準を見直すべきではないか、との声も各所で上がり始めていた。

国際的な常識から見れば、ＰＫＯの中心はいまや完全に避難民などの保護を中心とする「文民保護」に移っている。隊長の発言はなんとしても隊員を守りたいという使命感に加え、国際的な潮流に乗り遅れてはいけないというプライドに裏打ちされた、極めて計略的なものではなかったか……。

歯車が音を立てて回り始めていた。防衛省担当は事実の裏取りに駆け回っている。私は数時間で原稿を仕上げ、衛星通信機器を使って送信した。まずは事実を報じるのだという、報道の大義を言い訳にしながら。

安倍内閣が集団的自衛権の行使を容認し、自衛隊の「任務遂行のための武器使用」についても可能にするよう閣議決定したのは二〇一四年七月一日。私の原稿が一面に掲載されてから、わずか二カ月後のことだった。

ジュバの国連基地内で避難民の支援活動を行う自衛隊員

世界で一番美しい星空 ――ナミビア

世界で一番美しい星空はどこにあるのか――。

それはアフリカ南西部ナミビアのナミブ砂漠の上空に広がっている。

見える星の数が多すぎて、星座の位置がわからない。「美しい星空が見られるのではない。自分が宇宙に浮かんでいるのを体験できる」とさえ言われる場所。天の川は明るい空にかかった靄のようで、その間を流れる宇宙の「空白」がまるで黒い煙のようにも映る。

ナミブ砂漠が世界の天文マニアから注目を集めるようになったのは二〇一二年。米国を拠点とする国際ダークスカイ協会（現・ダークスカイ）が、ナミブ砂漠一帯を地球上で最も暗い夜空が保たれていることを示す「星空保護区」に認定したのだ。南アフリカのテレビ番組では、この地に八年間通い詰めているカナダの天文学者の言葉を借りて「普通の視力でもプラネタリウムの倍以上の星が観望できる。そんな環境はここを除いて他ではあり得ません」と紹介していた。

私もいつかは「世界で一番美しい星空」を見上げてみたいと思っていた。

ナミビアの首都ウィントフークから砂漠を四輪駆動車で約六時間。ナミブ砂漠の中心地ナミブランド自然保護区にたどり着いたときにはもう、真っ赤な夕日が砂丘の向こう側に沈み始めていた。

約八〇〇〇万年前に誕生したとみられる「世界最古の砂漠」。砂に酸化鉄が含まれているため、夕暮れ時には砂丘全体が血を流したように真っ赤に染まる。時間の経過とともにその赤は徐々に消え去り、日没の瞬間、真っ暗な空と真っ暗な大地の隙間に、オレンジ、黄、青の三色からなる幻想的なラインが閃光のように走った。

数分後、周囲は完全な暗闇に包まれ、砂丘という天然の「防音壁」に囲まれて、風の音さえ聞こえない、まるで真空のような空間が完成した。

「あっ、スプリングボック（日本のシカに似たウシ科の動物）！」

取材助手のフレディがそう叫び、指さした方向に目を凝らしてみたが、月のない夜空の下では暗すぎて何も見えない。

「日本人は目が弱いな」

フレディはそう言って笑いながら、暗闇で視力を維持する方法を教えてくれた。

暗闇の中で目を閉じて、一〇秒数えてから目を開ける。すると瞳孔が開いて、闇の中でも物が見えるようになるという。フレディの助言に従って両目を閉じて一〇秒間待って目を見開くと、随分と周囲が見えるようになっていた。それでも、先祖代々この大陸で生き抜いてきた、フレディの視界の半分にも満たない。

訪れた宿泊施設には、欧米から巨大な天体望遠鏡を持ち込んできた宿泊者たちが数人で空を見上げていた。施設は砂漠の中心にあり、近くの人工物までは五〇キロ以上離れている。極度に乾燥した環境と人工物の光が届かない立地が「世界一の星空」をつくりあげている。

「雲がありますね」

夜空を見上げて私が無邪気にそう言うと、隣でホットミルクを飲んでいた宿泊者が「あれは天の川ですよ」と笑いながら教えてくれた。

私は照れ笑いしながら、その一方で、いま目にしているような星空をかつてどこかで見上げたことがあったなと回想していた。

零《こぼ》れんばかりの満天の星。

それはきっとあの日、宮城県南三陸町で見上げた星空だった。

私が東日本大震災の津波被災地に飛び込んだのは、二〇一一年三月一三日の早朝だった。町中ががれきに覆われて自衛隊車両が入れないため、自衛隊員たちと一緒に援助物資を両手に抱えて被災者が待つ海沿いの高校へと歩いて向かった。病院も学校も壊滅していた。特に低地にあった介護施設の損壊は激しく、泥にまみれたいくつもの遺体を目撃した。

その日から、私は取材でがれきの町をはいずり回った。日が暮れて拠点のある仙台に戻れなくなると、被災者に事情を説明して避難所になっていた学校の体育館の片隅で寝袋にくるまって仮眠した。水も電気も簡易トイレもないため、男性用のトイレは近くの森の中だった。ある夜、用を足そうと体育館を抜け出すと、これまで見たこともないような、満天の星が頭上に広がっていた。停電で電気はまだ来ておらず、街の明かりはもちろん、ガソリンがないため車のヘッドライトの光もない。

真っ暗な天空から巨大な流れ星が降ってくるようだった。かつて人類が毎日のように眺めていた太古の光。その日取材した、南三陸町長が語った言葉を思い出していた。

「町がこんなになっても、星空が美しくてなあ」

彼は町の防災対策庁舎の屋上で津波にのみ込まれ、ずぶぬれになりながら、骨組みだけが残された対策庁舎の屋上で最初の一夜を過ごしていた。

「どれだけの人がこの町で亡くなったのだろうか？」

そう考えただけで自然と涙があふれ出てきたという。

私が夜間に野山で用を足し、体育館に戻る途中、被災者用の駐車場として使われていた校庭の隅っこで、若い父親と小学校低学年らしき少女の親子連れが無言で星空を見上げていた。父親らしき若い男性が突然、手をつないでいた少女に向かってこう言った。

「お母さんはね、きっと星になったんだよ」

小学生らしき少女は「どの星?」と父親に尋ね、星に向かって呼びかけていた。

「お母さん、お母さーん」

私はふたりのやりとりに涙を浮かべながら、理系出身の職業記者として必死に思考を保とうとした。

若い父親の言葉は倫理的には正しく、統計的には間違っている。

数が合わないのだ。人が肉眼で見える星の数は約四三〇〇と言われる。でもこの東北沿岸部では、その無数にも見える星の四倍以上もの人が亡くなっている……。

ナミブ砂漠の星空を見上げながら、私は、いまこの空ならいくつの星が見えるのだろう、と夢想した。

ここでなら、あの日亡くなったすべての人の魂に会うことができるのだろうか——。

あの日から四年半の月日が流れていた。私は日本から一万キロ以上離れた砂漠の上に立ち、あふれ出る涙を止めることができなかった。

ナミブ砂漠を歩く人々

戦場に残った日本人 ――南スーダン

私の新旧二冊のパスポートには、同じ国の入国ビザが全部で一四枚貼られている。大きな鳥の紋章の下には英語で「正義、自由、繁栄」と記されている。

世界最悪の紛争国――南スーダンの入国ビザだ。

内戦状態に陥った二〇一三年以来、合計一四回、現地に入国した。

首都ジュバは日中の気温が四〇度を超えるため、取材は体力勝負になる。ガタガタと揺れる不安定な飛行機のタラップを降りると、待っているのは火柱のような太陽光だ。乗客は毎回、入国管理事務所のある空港施設まで、滑走路横のアスファルト上を汗だくで歩かされることになる。

空港施設はつい最近まで、日本の旧国鉄時代の無人駅のような、コンクリートがむき出しの粗末な平屋だった。外国からの入国希望者はクーラーも扇風機もないカオスの中で、入国ビザを得るために一時間近く耐え忍ばなければならなかった。

いまではそれも懐かしい。二〇一六年七月の大規模戦闘で治安が悪化し、経済危機が本格化して以降、かつての空港施設は閉鎖され、近頃は日本の小中学校の運動会で使われるような簡易テントが臨時の「空港ターミナル」だ。入国管理官たちはそのテントの下に折りたたみ式のテーブルを広げ、入国希望者たちの入国ビザを作っている。それまでは顔写真付きで、入国者の氏名や滞在期限日などがコンピューターで印字されていたビザも、空港施設がテントに変わってからは写真が省略され、文字は係員の手書きに変わった。

どうしてこんなことが起こるのだろう？　私は入国のたびに深く悩んだ。南スーダンには二〇一一年の独立以来、国際社会からの多額の援助が寄せられ、世界中からたくさんのＮＧＯが支援に駆けつけている。にもかかわらず、この国の状況は空港施設と同様、日に日に悪くなっていく。人々はやる気を失い、治安がどんどん悪化している。

そして二〇一七年三月、日本政府は南スーダンの国連平和維持活動（ＰＫＯ）に派遣していた陸上自衛隊の「撤収」を決定した。政府首脳は「南スーダンの国づくりが新たな段階を迎えるなか、自衛隊が担当する施設整備は一定の区切りをつけることができた」と表明したものの、実際は現地の治安情勢がいつ戦闘が勃発してもおかしくないほどに悪化したことによる「撤退」に他ならなかった。

撤収の日、私はジュバの空港の吹きすさぶ熱風の中で、自衛隊員の最後の一人が航空機に乗り込むのを見届けながら、日本は果たしてこの国で何ができたのだろうと考えた。

二〇一二年の派遣開始から約五年間にこの地に送られた自衛隊員は延べ約四〇〇〇人。政府は延べ約二一〇キロの道路補修、延べ約五〇万平方メートルの用地造成に携わったと実績を強調したが、現実を直視するならば、ジュバが内戦状態に陥った二〇一六年七月以降、丸腰の自衛隊員が現地で成し遂げられたことは、やはり極めて限られていた。その実体は、帰国便のケニア航空機に乗り込む自衛隊員たちの苦悶の表情が何より物語っている。

その陰で、この灼熱の大地に一人残った日本人がいた。

下崎優子、五〇歳。南スーダンの修道院で避難民のために働くシスターだった。

二〇一二年一月、所属する日本国内の修道会に打診され、東京からジュバ郊外の修道院に赴任した。国連平和維持活動に自衛隊が派遣されたのとほぼ同時期にあたり、空港で鉢合わせた自衛隊員らはその後、「同じ日本人だから」と毎週のように修道院にボランティアに来てくれたという。

ジュバで大規模な戦闘が起きたときには、修道院を挟んで政府軍と反政府勢力が銃撃戦になり、教会や付属の学校にも傷を負った多くの住民たちが逃げ込んできた。死を覚悟しながら負傷者の手当てを続け、戦闘の合間を縫って市場へと走り、教会内に避難している人たちのために食事を作った。

下崎は明るく笑って振り返る。

「逃げずにただ一緒にいること。それが私にできるすべてでした」

彼女は言及をあえて避けているが、戦闘発生時、自衛隊は下崎の救援に駆けつけてはいない。そのときの自衛隊には「救出」の任務が付与されていなかっただけでなく、私が取材で訪れたときにはすでに、下崎が滞在する修道院自体が自衛隊の行動できない「危険区域」に含まれていたからだ。

自衛隊の撤収に、日本人シスターは何を思うか。

「私に任期はありません」と彼女は明るく言い切った。「神様が『ここにいなさい』とおっしゃる限り、私はここにいようと思います」

日本は南スーダンで何ができたのだろう——。

自衛隊員を乗せてアフリカを飛び立つ大型旅客機を見送りながら、私は改めて考えた。否。初めから何かをするつもりなどなかったのだ。南スーダンの治安を守るためでも、世界平和の均衡を保つためでも、ましてや人道的な国際協力ですらない。それは政府や外務省が国連総会で他国から支持票を得るための手段であり、安保法制に絡めて海外における自衛隊の活動領域を広げるための政策ではなかったか——。

自衛隊が撤退した後も、人口約一二〇〇万人のこの国では依然、約一八〇万人が難民として国外に逃れ、内戦の悪化で農業ができずに半分以上の国民が飢え始めていた。

そんな乾いた大地の片隅で、ひとり残った日本人シスターが避難者用のスープを煮ていた。

星の王子さまを訪ねて　――モロッコ

何もないことはわかっていた。

でもその何もない風景の中で、私は空を見上げてみたかった。九〇年前に「彼」が降り立ち、「何もないな」とつぶやきながら見上げただろう、その空を――。

アフリカを離任する前に、私にはどうしても訪れたい場所があった。

北アフリカの砂漠の国モロッコ西部にあるタルファヤ（旧ジュビー岬）。飛行機をこよなく愛したフランスの作家サン゠テグジュペリ（一九〇〇～一九四四年）が一九二七年、航空郵便会社の飛行場長として勤務した大西洋に面する小さな岬だ。

彼はそこで初期作品『南方郵便機』を執筆し、後の代表作となる『人間の大地』や『星の王子さま』の題材を得たとされる。学生時代、『人間の大地』を読んでパイロットになることを夢見ていた私は、アフリカ勤務を終えるにあたり、かつての「憧れの地」を訪れてみようと思ったのだ。

モロッコの最大都市カサブランカからプロペラ機で中部の小都市タンタンに到着し、そこから四輪駆動車で約二時間半。砂漠の間を縫うようにして伸びる片側一車線の舗装道路の先に目的地のタルファヤはあった。海と砂漠に挟まれた、お世辞にもにぎやかとは言えない、小さな港町だった。

町の中心部には、サン＝テグジュペリがこの地に勤務していたことを伝える小さな博物館が建てられていた。町の友好協会が二〇〇四年に設立したもので、彼の作品や年表、当時の写真などが展示されている。

「世界中から彼のファンがやってくるんだ」と運営を担うホダイビ・モハムドが微笑みながら説明してくれた。「それぞれの言語で書かれた『星の王子さま』を持ってね」

モハムドに案内されて、町の外れにある当時サン＝テグジュペリが使っていた滑走路や建物群などを見て回った。地面がむき出しの滑走路はいまも使用可能なように見えたが、建物は長年の風雨にさらされて、砂漠にのまれる一歩手前の廃墟のようになっていた。サン＝テグジュペリの当時の姿を思わせるものは他にない。「仕方がないよ。彼がここにいたのは九〇年も前のことなのだから」とモハムドは残念そうに首を振った。

ところがその晩、運良く九〇年前の詩人を知る「生き証人」に会うことができた。

バシール・ラフダイアム、年齢一〇一歳。町の友好協会によると、彼は一〇歳のときに友人とサン＝テグジュペリが操縦する軽飛行機に乗せてもらったことがあるのだという。

「とても優しい人だった。子どもの我々には特に」と一〇一歳は遠い目をして振り返った。

「勇気のある男だった。当時の飛行機は事故が多かったが、彼は仲間を捜しに夜に飛び立つことも多かった。勇敢な男だった」

サン＝テグジュペリがタルファヤに勤務したのは、彼が二七歳のときだった。それまでの彼は私と同様、あまりぱっとしない青春を送っていたらしい。一九〇〇年にフランス南東部リヨンで生まれ、子どもの頃から飛行機で空を飛ぶことを夢見て育った彼は、海軍士官学校の試験に失敗し、仕事も恋愛もうまくいかない。結局、自費で民間飛行の免許を取得し、一九二六年、郵便航空会社のパイロットとして採用された。

当時のフランスはアフリカ大陸に多くの保護領を持っており、その広大なエリアにいち早く郵便物を届ける必要に迫られていた。そこで光が当たったのが、当時まだ発展途上の飛行機を使った航空郵便である。彼が就職したラテコエール郵便航空会社（後のアエロポスタル社）は、一九一八年に仏南部トゥールーズに設立されると、翌年にはトゥールーズとカサブランカを結ぶ路線を確立し、一九二五年にはさらにカサブランカからダカールへの路線を開通させて、その中間にあたるタルファヤに中継基地を置いた。

サン＝テグジュペリはタルファヤに配属後、母親に向けて次のような手紙を送っている。

まったく修道僧のような生活を送っています。アフリカ大陸の中でも最も辺鄙《へんぴ》な場所に住んでいるのです。（中略）砂浜には砦《とりで》が一つ、そして、それと背中合わせに僕らのバラック。それ以外には数百キロにわたって何ひとつありません。

（『人間の大地』渋谷豊訳、光文社古典新訳文庫）

当時の飛行機はエンジンの故障が多く、パイロットたちは不時着できる場所を常に地表に確認しながら飛行していた。彼はジュビー岬での勤務中、不時着した仲間の救出に飛び回り続ける。一九二九年にはアフリカから南米へと勤務地を移して郵便航路の開拓事業に従事するが、そこでも冬のアンデス山脈で遭難した同僚を捜して飛び回る。学生時代、私が何度も読み返した『人間の大地』。そこで語られる物語の最大のテーマは間違いなく「友情」である。大好きだった一文がある。

職業というものの尊さは、何よりもまず、人と人を結びつけることにある。この世に本当の贅沢《ぜいたく》は一つしかない。人間の関係という贅沢がそれだ。

（同前）

実際、この大陸で職業記者として働いていると、「あるいはアフリカ特派員という仕事は、サン＝テグジュペリが空を飛んでいた頃のパイロットに似ているのかもしれないな」と思うことが少なくなかった。

共通しているのは、大自然への畏怖《いふ》と、一度仕事に出たら、もう二度と家には帰れないかもしれないと思う、その瞬間である。

紛争地や疫病の感染地帯に飛び込んでいくアフリカ特派員の仕事は、どんなに安全確保に万全を期しても、結局は先が見通せない仕事だった。それはきっとジャーナリズムが内包している、避けがたい特性の一つでもあるのだろう。サン＝テグジュペリが操縦していた飛行機が何度も不具合を起こして墜落したように、私もいくつかの予期せぬ危険に遭遇した。

しかし、そんな職業的な日々を繰り返していくうちに、私の中には次第にある感情が芽生えていった。

それはかつてサン＝テグジュペリも著したような、仲間や同業者への尊敬と信頼、そして友情といった感情である。

私が南スーダンで危険な現場を這いずり回っていたとき、日本では、その状況を少しでも伝えようと、現地に派遣されていた自衛隊の日報記録を情報公開請求し、事実を隠蔽《いんぺい》しようとした政府を追及し続けるフリージャーナリストがいた。新聞社の同僚たちはそのとき、危険を承知で「イスラム国」（ＩＳ）に支配されたシリアやイラクの危険地帯に乗り込もうとしていた。東京では、かつて同じ職場で働いたことのある後輩や同業他社の記者が、ＳＮＳ

での誹謗《ひぼう》中傷を受けながら、政府の記者会見で必死に首相や官房長官に食い下がっていた。東アフリカの紛争地では、知人の戦場カメラマンが頭から血を流して道に倒れているデモ参加者にギリギリの距離でレンズを向けていた。

そんな彼らの発信するニュースや写真を目にするたびに、私は彼らに対する尊敬の念と同時にある種の安堵感《あんどかん》のようなものを覚えた。

自分は決して一人ではない――。

サン＝テグジュペリが砂漠で墜落し、一滴の水も飲めずに砂の大地をさまよい歩き続けていたときに、遭難しても生きることを諦めなかった僚友のことを考え続けることで自らをつなぎとめていたように。

私はいつしか所属する組織に寄りかかるのではなく、それぞれの個と個をつなぐ友情という名の命綱を頼りに、この先の人生を切り拓いていけないかと夢想するようになった……。

サン＝テグジュペリの往時の姿を知るという一〇一歳のラフダイアムの取材には、親族や町の有力者たちも加わって、結局終わりが午後一一時を回ってしまった。外に出ると満天の星が頭上を覆っていた。

当時、サン＝テグジュペリが夜間飛行で眺めたあの星空――。

幼少期に読んだ『星の王子さま』の一節を思い出す。

「さようなら」キツネが言った。「じゃあ秘密を教えるよ。とてもかんたんなことだ。ものごとはね、心で見なくてはよく見えない。いちばんたいせつなことは、目に見えない」

「いちばんたいせつなことは、目に見えない」忘れないでいるために、王子さまはくり返した。

「きみのバラをかけがえのないものにしたのは、きみが、バラのために費やした時間だったんだ」

（『星の王子さま』河野万里子訳、新潮文庫）

費やした時間こそが、その人にとっての「かけがえのないもの」を決める。

ならば、これまでアフリカで費やしてきた三年という時間は、私にとって何だったろう。

悲しみや痛み、苦しみや喜びが詰まった三年という時間。それを費やした場所。

思い出すのは、無数の顔、顔、顔だ。

アフリカ――。

そこは紛れもなく、私にとっての「人間の大地」だった。

サン＝テグジュペリが使っていた滑走路のすぐそばに残る建物

三浦英之 みうら・ひでゆき

一九七四年、神奈川県生まれ。朝日新聞記者、ルポライター。『五色の虹 満州建国大学卒業生たちの戦後』で第一三回開高健ノンフィクション賞、『日報隠蔽 南スーダンで自衛隊は何を見たのか』（布施祐仁氏との共著）で第一八回石橋湛山記念早稲田ジャーナリズム大賞、『牙 アフリカゾウの「密猟組織」を追って』で第二五回小学館ノンフィクション大賞、『帰れない村 福島県浪江町「DASH村」の10年』で二〇二一年LINEジャーナリズム賞、『太陽の子 日本がアフリカに置き去りにした秘密』で第二二回新潮ドキュメント賞・第一〇回山本美香記念国際ジャーナリスト賞を受賞。

写真＝三浦英之
装丁＝川名潤
編集協力＝株式会社 集英社クリエイティブ

＊登場人物の年齢や為替レート、統計的な情報などは取材当時のものを使用した。

沸騰大陸《ふっとうたいりく》

二〇二四年一〇月三〇日　第一刷発行

著　者　三浦英之《みうらひでゆき》

発行者　樋口尚也

発行所　株式会社　集英社
〒一〇一-八〇五〇　東京都千代田区一ツ橋二-五-一〇
電話　編集部　〇三-三二三〇-六一四一
　　　読者係　〇三-三二三〇-六〇八〇
　　　販売部　〇三-三二三〇-六三九三（書店専用）

印刷所　TOPPAN株式会社

製本所　ナショナル製本協同組合

定価はカバーに表示してあります。

ISBN978-4-08-781760-7　C0095